Dr. Oetker

Kochen für zwei

doppelt lecker

Dr. Oetker

Kochen für zwei

doppelt lecker

Dr. Oetker Verlag

Kochen für zwei – das ist doppelter Genuss, für jeden Tag und doppelt lecker, auch wenn es mal was Besonderes sein darf.

Der mediterrane Zartweizensalat, das kross gebratene Zanderfilet oder die gefüllten Paprikaschnitzel geben Ihrer kleinen Alltagsküche den Hauch des Südens.

Verblüffend einfach gelingen Ihnen auch Gerichte mit einem exotischen Touch. Probieren Sie den Kichererbsensalat und das Gemüse-Linsen-Curry.

Für ein Dinner für zwei empfehlen wir Ihnen folgendes Menü: Zitronen-Parmesan-Suppe, Lammfilet mit Pilz-Gemüse-Mischung und Mangocreme.

Möchten Sie einmal mehr Genießer verwöhnen, dann sind Sie bestens gerüstet – vervielfachen Sie einfach die Rezepte.

Zusätzliche Tipps bei den Rezepten sorgen für Abwechslung. Wenn Sie Fragen zum Küchenmanagement im kleinen Haushalt haben, finden Sie auf der Ratgeberseite Unterstützung.

Alle Rezepte wurden von uns nachgekocht und sind so beschrieben, dass sie Ihnen garantiert gelingen.

Kochen für zwei – Küchenmanagement

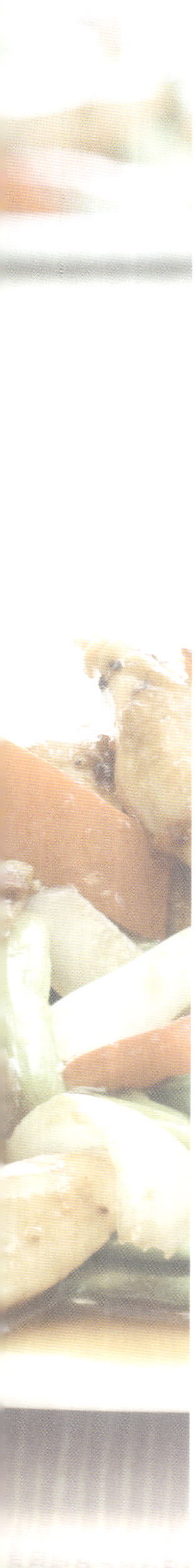

Den Durchblick behalten: Auch in einem kleinen Haushalt sollten Sie die Übersicht über Ihren Vorrat haben. Es ist meist ausreichend, den Lebensmittelvorrat für etwa eine Woche in der Küche zu lagern. So sehen Sie auf einen Blick, was noch da ist und ersparen sich das Suchen.

An Morgen denken: Ein kleiner, gut sortierter Vorrat, vorausschauendes Planen und Kochen spart Zeit und Geld. Außerdem hilft es, wenn unerwartet Besuch kommt oder Sie keine Zeit für den Einkauf haben.

Das sind unsere Vorschläge für Ihren „Vorratsschrank"

1. Nährmittelvorrat: Nudeln, Mehl aber auch Reis, getrocknete Hülsenfrüchte, Salz, Gewürze, getrocknete Kräuter, Kaffee und Tee.

2. Dosen- und Konservenvorrat: Senf, Ketchup, Speiseöl, Essig, Instant-Brühe, passierte oder geschälte Tomaten, Mais, Gewürzgurken, Tunfisch, Erbsen und Möhren, Pesto und getrocknete Tomaten, in Öl eingelegt. Wenn Sie es asiatisch mögen auch Kokosmilch und Currypaste.

3. TK-Vorrat: Gemüse bzw. Gemüsemischungen je nach persönlicher Vorliebe, Kräuter bzw. Kräutermischungen, Fisch oder Garnelen und evtl. einzeln verpackte Steaks, Kartoffel-Wedges oder Pommes frites.

4. „Ungekühlter" Frische-Vorrat: Tomaten, Salatgurke, Kartoffeln, Zwiebeln und evtl. Knoblauch, Äpfel, Zitronen.

5. Kühlschrankvorrat: Eier, Milch, Butter und Margarine, saure Sahne oder Crème fraîche, Quark oder Joghurt und Käse.

Der Einkaufszettel – ein unentbehrlicher Klassiker

- Bevor Sie mit dem Einkaufen und Kochen loslegen, überlegen Sie in Ruhe und schreiben Sie auf, was Sie in der Woche essen möchten.
- Natürlich kostet das erst einmal Zeit und vielleicht etwas Überwindung, aber dafür sind der Einkauf und das anschließende Kochen entspannter.
- Sehen Sie in Ihrem Kühlschrank und Ihren anderen Vorräten nach, was da ist. Schreiben Sie dann auf Ihren Einkaufszettel, was noch gebraucht wird.
- Kaufen Sie wirklich nur, was auf dem Zettel steht. So kommen Sie zügig durch den Einkaufsmarkt.

Tipp: Nicht immer fällt Ihnen beim Schreiben des Einkaufszettels ein, was an Vorräten vielleicht schon ausgegangen ist. Machen Sie sich deshalb, z. B. an eine Pinnwand, einen Zettel, auf den jeder schreiben kann, was er aufgebraucht hat. Meist sind es Lebensmittel, die man nicht nur für ein spezielles Gericht braucht, wie Salz, Gewürze, Speiseöl oder Kaffee, die dann vergessen werden und „schnell" zusätzlich gekauft werden müssen. Das kostet knapp bemessene Freizeit und oft mehr Geld.

Vorausschauend kochen – Zeit sparen

1. Kartoffeln können Sie z. B. gleich für 2 Tage vorbereiten. So müssen Sie nur 1-mal schälen und kochen. Wenn Sie diese am ersten Tag als Salzkartoffeln servieren, dann können sie am nächsten Tag in der Pfanne gebraten als Bratkartoffeln auf den Tisch kommen. Oder Sie bereiten einen leckeren Kartoffelsalat zu, der dann zugedeckt im Kühlschrank über Nacht gut durchziehen kann.

2. Auch Reis und Nudeln lassen sich in größeren Portionen vorkochen. Die gibt es an einem Tag als Beilage zu Fleisch- oder Fischgerichten oder mit einer Nudelsauce und am anderen Tag als Suppeneinlage. Oder Sie nutzen sie als Grundlage für einen Auflauf.

3. Gemüse, z. B. Bohnen, kann an einem Tag als Gemüsebeilage dienen, am nächsten Tag im Eintopf landen oder zu einem leckeren Salat verarbeitet werden.

4. Nudelsaucen sind ein Klassiker für sich. Sie lassen sich gut in größeren Mengen vorkochen und können portionsweise eingefroren werden.

5. TK-Produkte wie Fisch oder Fleisch, die aufgetaut verwendet werden, legen Sie bereits am Vortag in den Kühlschrank, so tauen sie schonend auf.

Tipp: Vorgekochte Zutaten oder gegarte Speisereste leicht zugedeckt (die Wärme muss noch entweichen können) schnell herunterkühlen und zugedeckt in den Kühlschrank stellen. Die Reste können am anderen Tag wieder aufgewärmt bzw. die vorgegarten Zutaten z. B. als Auflauf weiterverarbeitet werden.

Schnell aufgepeppt – das Auge isst mit

• Wenn Sie Platz auf der Fensterbank, dem Balkon oder der Terrasse haben, lohnt es sich, Kräuter selbst zu ziehen. Sie haben immer Kräuter auf Vorrat und Ihre Gerichte bekommen einen „frischen" Geschmack und sehen appetitlich aus.

• Wenn Sie frische Kräuter im Bund kaufen, dann stellen Sie die Kräuterstängel, die Sie im Moment nicht brauchen, in ein Glas mit Wasser. So bleiben diese noch einige Tage frisch.

• Nusskerne und selbstgemachte Croûtons stehen nicht nur Salaten gut, auch Suppen und Eintöpfe profitieren davon. Leicht angeröstet schmecken Pinienkerne und Leinsamen noch mal so gut.

• Selbst gemachtes oder fertig gekauftes Pesto können Sie unter Pastagerichte mischen, aber auch Salatsaucen einen würzigen Geschmack geben und der kalte Schweinebraten bekommt eine pikante Würzung.

Allgemeine Hinweise zu den Rezepten

Bevor Sie mit dem Kochen beginnen, möchten wir Ihnen einige Ratschläge mit auf den Weg geben.

Die Vorbereitung: Lesen Sie bitte vor der Zubereitung – besser noch vor dem Einkaufen – das Rezept vollständig durch. Oft werden Arbeitsabläufe oder Zusammenhänge klarer.

Die Zubereitungszeit: Sie dient Ihrer Orientierung und ist abhängig von Ihrer Kocherfahrung. Die Zubereitungszeit beinhaltet die Zeit der tatsächlichen Zubereitung. Längere Wartezeiten, wie Kühl- oder Abkühlzeiten, Auftau- und Durchziehzeiten sind, sofern parallel keine weitere Tätigkeit erfolgt, nicht enthalten.

Die Gartemperatur und Garzeit: Sie sind Richtwerte, die je nach individueller Hitzeleistung des Backofens über- oder unterschritten werden können. Die Temperaturangaben in diesem Buch beziehen sich auf Elektrobacköfen. Die Möglichkeiten der Temperatureinstellung für Gasbacköfen variieren je nach Hersteller, sodass wir keine allgemeingültigen Angaben machen können. Bitte beachten Sie deshalb bei der Einstellung des Backofens die Gebrauchsanleitung des Herstellers. Ein Backofenthermometer eignet sich dabei gut, um die Backofentemperatur im Blick zu haben.

Die Nährwerte: Sie sind gerundete Orientierungswerte und auf die Einzelportionen bezogen.

Abkürzungen

EL	= Esslöffel
TL	= Teelöffel
Msp.	= Messerspitze
Pck.	= Packung/Päckchen
g	= Gramm
kg	= Kilogramm
ml	= Milliliter
l	= Liter
evtl.	= eventuell
geh.	= gehäuft
gestr.	= gestrichen
TK	= Tiefkühlprodukt
°C	= Grad Celsius
Ø	= Durchmesser
E	= Eiweiß
F	= Fett
Kh	= Kohlenhydrate
kJ	= Kilojoule
kcal	= Kilokalorien
BE	= Broteinheiten

Zartweizensalat
mit Tomaten, Oliven und krossem Speck

Zubereitungszeit: 25 Minuten, ohne Abkühlzeit **Pro Portion:** E: 15 g, F: 19 g, Kh: 55 g, kJ: 1887, kcal: 451, BE: 4,0

125 g Zartweizen

2 mittelgroße Tomaten

4 getrocknete Tomaten, in Öl eingelegt

2 Frühlingszwiebeln

5–6 Stängel Basilikum

2 EL kleine, rotbraune Oliven, ohne Stein

3 EL Olivenöl (oder abgetropftes Öl von den eingelegten Tomaten)

Salz

frisch gemahlener Pfeffer

4 Scheiben Südtiroler Speck (oder Frühstücksspeck, etwa 55 g)

1 Zartweizen nach Packungsanleitung zubereiten und erkalten lassen.

2 Tomaten abspülen, abtrocknen, vierteln und die Stängelansätze herausschneiden. Tomaten entkernen. Das Fruchtfleisch würfeln.

3 Getrocknete Tomaten in einem Sieb abtropfen lassen, dabei das Öl auffangen. Tomaten in feine Streifen schneiden.

4 Frühlingszwiebeln putzen, abspülen, abtropfen lassen und in Ringe schneiden. Basilikum abspülen, trocken tupfen und die Blättchen von den Stängeln zupfen. Einige Blättchen zum Garnieren beiseitelegen. Die restlichen Blättchen fein schneiden.

5 Den Zartweizen mit Tomatenwürfeln, getrockneten Tomatenstreifen, Frühlingszwiebelringen, fein geschnittenen Basilikumblättchen, Oliven und 2 Esslöffeln vom Olivenöl (oder aufgefangenem Öl) vermischen. Salat mit Salz und Pfeffer abschmecken.

6 Das restliche Olivenöl in einer kleinen Pfanne erhitzen. Die Speckscheiben darin kross braten, dann aus der Pfanne nehmen und kurz auf Küchenpapier legen. Den Salat mit Speckscheiben und den Basilikumblättchen anrichten und servieren.

Tipp: Südtiroler Speck ist ein roher, leicht geräucherter Schinken. Statt mit Zartweizen schmeckt der Salat auch mit Langkornreis sehr gut.

Etwas teurer

Garnelen auf Mango-Papaya-Salat

Zubereitungszeit: 30 Minuten **Pro Portion:** E: 33 g, F: 13 g, Kh: 27 g, kJ: 1542, kcal: 369, BE: 2,0

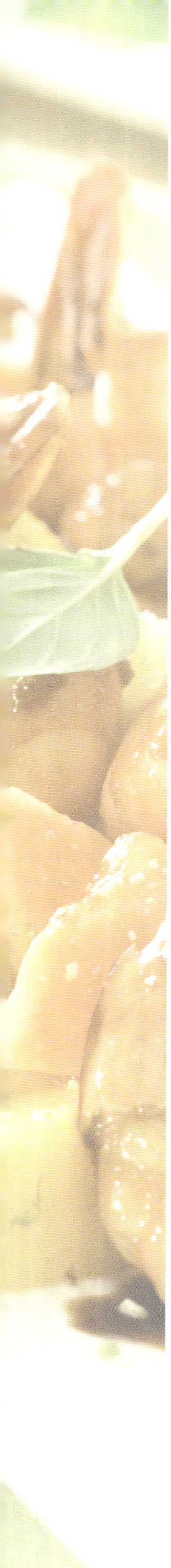

1 reife Mango

1 reife Papaya

1 Bio-Limette (unbehandelt, ungewachst)

Salz

frisch gemahlener Pfeffer

10 Riesengarnelen (ohne Kopf und Schale, entdarmt, je etwa 30 g)

2 EL Sesamöl

2 EL süße Sojasauce

2–3 Stängel Thai-Basilikum

1 Das Fruchtfleisch der Mango vom Stein schneiden. Fruchtfleisch schälen. Papaya längs halbieren und mit einem Teelöffel vorsichtig die Kerne herausschaben. Papaya schälen. Das Fruchtfleisch der Mango und der Papaya in etwa 2 cm große Würfel schneiden.

2 Limette heiß abwaschen, abtrocknen und die Schale abreiben. Limette halbieren und den Saft auspressen. Mango- und Papayawürfel vorsichtig mit dem Limettensaft und der abgeriebenen Limettenschale vermischen. Salat mit Salz und Pfeffer würzen.

3 Die Garnelen unter fließendem kalten Wasser abspülen und trocken tupfen. Das Sesamöl in einer großen Pfanne erhitzen. Die Garnelen darin von jeder Seite etwa 3 Minuten braten. Garnelen mit Salz, Pfeffer und Sojasauce würzen.

4 Basilikum abspülen, trocken tupfen und die Blättchen von den Stängeln zupfen. Die Garnelen auf dem Mango-Papaya-Salat anrichten und mit Basilikumblättchen garnieren.

Tipp: Servieren Sie den Salat statt mit Garnelen mit Glasnudeln. Dazu 100 g Glasnudeln nach Packungsanleitung zubereiten und etwas abkühlen lassen. Die Mango- und Papayawürfel feiner schneiden. Die Fruchtwürfel wie beschrieben mit Limettensaft vermischen. Die Glasnudeln unterheben und das Ganze mit ½ Teelöffel Sambal Oelek pikant-scharf abschmecken, evtl. dann noch mit Salz und Pfeffer würzen.

Zum Vorbereiten

Salat von roten Linsen (Foto)

Zubereitungszeit: 30 Minuten **Pro Portion:** E: 34 g, F: 10 g, Kh: 73 g, kJ: 2169, kcal: 518, BE: 6,0

250 g rote Linsen
350 ml Gemüsebrühe
1–2 EL Raps- oder Olivenöl
2–3 EL Weißweinessig
1 kleine rote Zwiebel
1 kleiner roter Apfel
½ rote Paprikaschote
Salz
frisch gemahlener Pfeffer
1 EL gehackte Petersilienblättchen

1 Linsen mit der Gemüsebrühe in einem Topf zum Kochen bringen, dabei mehrmals umrühren und bei geringer Hitze die Linsen etwa 12 Minuten (Packungsanleitung beachten) garen, dabei häufig umrühren. Den Topf dann von der Kochstelle nehmen. Öl und Essig unter die Linsen rühren.

2 Zwiebel abziehen. Apfel abspülen, abtrocknen, vierteln und entkernen. Zwiebel und Apfel fein würfeln. Paprikaschote vierteln, entstielen, entkernen und die weißen Scheidewände entfernen. Schote abspülen, abtropfen lassen und in kleine Würfel schneiden.

3 Zwiebel-, Apfel- und Paprikawürfel zu den Linsen geben und unterrühren. Salat mit Salz und Pfeffer würzen, Petersilie unterheben.

Gebratener Paprikasalat

Zubereitungszeit: 25 Minuten, ohne Durchziehzeit **Pro Portion:** E: 4 g, F: 21 g, Kh: 15 g, kJ: 1114, kcal: 266, BE: 0,0

je 1 große rote, grüne und gelbe Paprikaschote (etwa 750 g)
4 EL Olivenöl
1–2 Knoblauchzehen
etwa 3 Stängel Oregano
Saft von ½ Limette
Salz
frisch gemahlener Pfeffer
evtl. etwas Olivenöl

1 Paprika vierteln, entstielen, entkernen und die weißen Scheidewände entfernen. Schoten abspülen, trocken tupfen und in mundgerechte Stücke schneiden.

2 Jeweils etwas Olivenöl in einer großen Pfanne erhitzen. Paprikastücke portionsweise darin anbraten, dann herausnehmen. Knoblauch abziehen und in dünne Scheiben schneiden. Knoblauchscheiben in dem verbliebenen Olivenöl andünsten.

3 Oregano abspülen und trocken tupfen. Die Blättchen von den Stängeln zupfen. Einige Blättchen zum Garnieren beiseitelegen. Restliche Blättchen klein schneiden.

4 Paprikastücke, Knoblauchscheiben und Oregano in einer Schüssel mischen. Limettensaft hinzufügen. Salat mit Salz und Pfeffer würzen. Evtl. etwas Olivenöl unterrühren. Den Salat kalt gestellt etwa 1 Stunde durchziehen lassen. Dann mit den beiseite gelegten Oreganoblättchen garniert servieren.

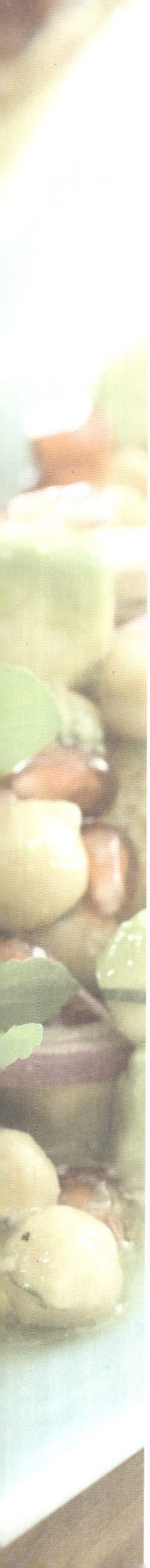

Fruchtig-pikant

Kichererbsensalat

Zubereitungszeit: 20 Minuten **Pro Portion:** E: 14 g, F: 46 g, Kh: 39 g, kJ: 2623, kcal: 627, BE: 3,0

1 Dose Kichererbsen (Abtropfgewicht 285 g)

1 Limette

1 reife Avocado

1 rote Zwiebel

½ Granatapfel

1 Orange

3 EL Olivenöl

Salz

frisch gemahlener Pfeffer

4 Stängel Pfefferminze

1 Kichererbsen in ein Sieb geben, mit kaltem Wasser abspülen und abtropfen lassen. Limette halbieren und den Saft auspressen.

2 Avocado halbieren. Den Stein herauslösen. Avocado schälen und in kleine Würfel schneiden, sofort mit dem Limettensaft vermischen.

3 Zwiebel abziehen, halbieren und in feine Scheiben schneiden. Die Granatapfelkerne aus der Frucht lösen und von allen weißen Häuten befreien.

4 Die Orange so schälen, dass die weiße Haut mit entfernt wird. Orange in Stücke schneiden.

5 Kichererbsen, Avocadowürfel, Zwiebelscheiben, Granatapfelkerne und Orangenstücke mit dem Olivenöl in einer Schüssel vermischen, mit Salz und Pfeffer würzen.

6 Pfefferminze abspülen, trocken tupfen und die Blättchen von den Stängeln zupfen. Einige Blättchen zum Garnieren beiseitelegen. Die restlichen Blättchen fein schneiden und unter den Salat geben. Salat mit den Pfefferminzblättchen garnieren und servieren.

Tipp: Zusätzlich können Sie hauchdünne Scheiben von luftgetrocknetem Schinken dazureichen oder in feine Streifen geschnitten unter den Salat geben.

Raffiniert

Würziger Spätzle-Pfifferlings-Salat

Zubereitungszeit: 30 Minuten, ohne Abkühlzeit **Pro Portion:** E: 25 g, F: 16 g, Kh: 59 g, kJ: 2020, kcal: 482, BE: 4,5

1 ½ l Gemüsebrühe

½ TL Salz

150 g Spätzle

Für die Vinaigrette:

1 kleine Stange Porree (Lauch, etwa 150 g)

2–3 EL Olivenöl

100 ml Gemüsebrühe

1–2 EL Balsamico-Essig

½ TL körniger Senf

frisch gemahlener Pfeffer

1 Prise Zucker

200 g Pfifferlinge oder Champignons

100 g geräucherter Putenbrust-Aufschnitt

100 g kleine Cocktailtomaten

½ Bund glatte Petersilie

1 Gemüsebrühe mit Salz in einem großen Topf zum Kochen bringen. Die Spätzle darin nach Packungsanleitung garen. Dann die Spätzle in ein Sieb geben, kurz mit kaltem Wasser abschrecken und abtropfen lassen.

2 Für die Vinaigrette in der Zwischenzeit Porree putzen, längs halbieren, waschen, gut abtropfen lassen und in sehr feine Streifen schneiden. 1 Esslöffel von dem Öl in einer Pfanne erhitzen. Porree darin andünsten und Brühe dazugießen. Essig und Senf unterrühren. Vinaigrette mit Salz, Pfeffer und Zucker abschmecken.

3 Spätzle mit der Vinaigrette in einer Salatschüssel mischen und abkühlen lassen.

4 Pilze putzen und mit Küchenpapier abreiben. Pilze kurz abspülen und gut abtropfen lassen. Große Pilze evtl. halbieren. Putenbrust-Aufschnitt in Streifen schneiden. Cocktailtomaten abspülen, abtrockenen und vierteln. Petersilie abspülen, trocken tupfen und die Blättchen von den Stängeln zupfen.

5 Übriges Öl in der Pfanne erhitzen. Pilze darin unter Wenden etwa 4 Minuten kräftig braten. Pilze mit Salz und Pfeffer würzen und herausnehmen. Petersilie, Pilze, Putenbruststreifen und Tomatenstücke unter die Spätzle mischen. Den Salat nochmals mit Salz, Pfeffer und evtl. etwas Essig abschmecken.

Vorsicht feurig

Gemüseeintopf mit Kokos und Curry

Zubereitungszeit: **30 Minuten** Garzeit: **etwa 10 Minuten** Pro Portion: **E: 11 g, F: 40 g, Kh: 16 g, kJ: 1952, kcal: 470, BE: 0,5**

½ Stange Porree (Lauch)

1 Möhre

100 g Zuckerschoten

½ rote Paprikaschote

1 Stange Staudensellerie

2 EL Speiseöl, z. B. Sonnenblumenöl

1 EL Currypulver

500 ml (½ l) Gemüsebrühe

250 ml (¼ l) Kokosmilch

Salz

¼ TL Chiliflocken

50 g Sojasprossen

4 Stängel Thai-Basilikum oder Koriander

2 EL gesalzene, geröstete Erdnüsse

1 Porree putzen. Die Stange längs halbieren, gründlich waschen und abtropfen lassen. Porree in feine Scheiben schneiden.

2 Möhre putzen, schälen, abspülen, abtropfen lassen und in dünne Scheiben schneiden. Die Zuckerschoten abspülen, abtropfen lassen und evtl. halbieren.

3 Paprikahälfte entstielen, entkernen und die weißen Scheidewände entfernen. Schote abspülen, abtropfen lassen und in kleine Würfel schneiden.

4 Staudensellerie putzen und die harten Außenfäden abziehen. Sellerie abspülen und abtropfen lassen. Sellerie ebenfalls in kleine Würfel schneiden.

5 Speiseöl in einem Topf erhitzen. Das Gemüse darin unter Rühren andünsten. Curry daraufstäuben und unterrühren. Gemüsebrühe und Kokosmilch unterrühren. Das Ganze zum Kochen bringen und mit etwas Salz würzen.

6 Die Suppe zugedeckt etwa 10 Minuten bei mittlerer Hitze kochen. Die Suppe mit Salz und Chili abschmecken.

7 Sojasprossen in ein Sieb geben, kurz abspülen und abtropfen lassen. Sprossen in den Eintopf geben, kurz miterwärmen.

8 Kräuter abspülen, trocken tupfen und die Blättchen von den Stängeln zupfen. Den Gemüseeintopf evtl. nochmals mit den Gewürzen abschmecken, mit Erdnüssen und Kräuterblättchen garnieren und servieren.

Hüttensuppe

Zubereitungszeit: 20 Minuten **Garzeit:** etwa 15 Minuten **Pro Portion:** E: 14 g, F: 19 g, Kh: 25 g, kJ: 1410, kcal: 336, BE: 2,0

1 kleine Zwiebel
2 Scheiben Frühstücksspeck (Bacon)

1 Die Zwiebel abziehen, in dünne Scheiben schneiden und diese dann in Ringe teilen. Den Frühstücksspeck in Streifen schneiden.

300 g festkochende Kartoffeln

2 Die Kartoffeln schälen, abspülen, abtropfen lassen und in etwa 2 cm große Würfel schneiden.

100 g grüne Bohnen

3 Von den Bohnen die Enden abschneiden, evtl. Fäden abziehen. Bohnen abspülen, abtropfen lassen und in Stücke schneiden.

1 EL Butter
100 g TK-Suppengemüse

4 Butter in einem Topf zerlassen. Zwiebelringe und Speckstreifen darin andünsten. Dann Kartoffelwürfel, Bohnen und Suppengemüse in den Topf geben.

600 ml Fleischbrühe
Salz
frisch gemahlener Pfeffer

5 Fleischbrühe hinzugießen. Das Ganze zum Kochen bringen, mit Salz und Pfeffer würzen. Die Suppe zugedeckt etwa 15 Minuten bei mittlerer Hitze kochen.

½ Bund Schnittlauch
50 g geraspelter Greyerzer-Käse

6 Schnittlauch abspülen, trocken tupfen und in Röllchen schneiden. Die Suppe evtl. nochmals mit Salz und Pfeffer abschmecken, mit Schnittlauchröllchen und Käse bestreut servieren.

Beilage: Servieren Sie Schmalzbrote dazu.

Tipp: Gehaltvoller wird die Suppe, wenn Sie zusätzlich Backerbsen und Eierstich in die Suppe geben.

Gefriergeeignet

Tomatensuppe mit Käsecroûtons

Zubereitungszeit: 35 Minuten **Garzeit:** etwa 15 Minuten **Pro Portion:** E: 9 g, F: 19 g, Kh: 23 g, kJ: 1274, kcal: 303, BE: 1,0

Für die Suppe:

650 g Fleischtomaten

1 Zwiebel

1 Knoblauchzehe

1 EL Speiseöl, z. B. Rapsöl

350 ml Gemüsebrühe

Für die Käsecroûtons:

20 g weiche Butter

Salz

frisch gemahlener Pfeffer

etwas gerebelter Thymian

½–1 TL gehacktes Basilikum

2 Scheiben Toastbrot

1–2 EL frisch geriebener Parmesan-Käse

1 Prise Zucker

1 EL gehacktes Basilikum nach Belieben

1 Für die Suppe Tomaten abspülen, abtrocknen, halbieren und die Stängelansätze herausschneiden. Tomaten grob würfeln. Zwiebel und Knoblauch abziehen, in feine Würfel schneiden. Öl in einem Topf erhitzen. Die Zwiebel- und Knoblauchwürfel darin andünsten.

2 Tomaten hinzugeben und unter mehrmaligem Wenden kurz mit andünsten. Brühe hinzugießen. Die Zutaten zum Kochen bringen und zugedeckt etwa 15 Minuten leicht köcheln lassen, bis die Tomaten zerfallen sind.

3 In der Zwischenzeit den Backofen vorheizen.
Ober-/Unterhitze: etwa 240 °C
Heißluft: etwa 220 °C

4 Für die Käsecroûtons Butter in ein Schälchen geben, mit Salz, Pfeffer, Thymian und Basilikum glatt rühren. Die Toastscheiben damit bestreichen und auf ein Backblech legen.

5 Die Toastscheiben mit Parmesan-Käse bestreuen. Das Backblech in den vorgeheizten Backofen schieben. Die Toastscheiben etwa 5 Minuten überbacken, bis der Käse zerlaufen ist. Toastscheiben herausnehmen, etwas abkühlen lassen, in kleine Würfel schneiden und beiseitestellen.

6 Die Suppe pürieren und durch ein Sieb passieren, um Kerne und Fruchtschalen zu entfernen. Die Suppe nochmals kurz erhitzen, mit Salz, Pfeffer und Zucker abschmecken. Die Suppe mit Käsecroûtons anrichten. Nach Belieben die Suppe noch mit Basilikum bestreuen.

Tipp: Fleischtomaten schmecken im Sommer besonders aromatisch. Wenn Sie keine Fleischtomaten bekommen, so verwenden Sie normale Tomaten. Die Tomatensuppe lässt sich ohne die Croûtons prima auf Vorrat einfrieren. Die Suppe nach dem Auftauen nochmals abschmecken und die Croûtons zubereiten. Die Suppe statt mit Käsecroûtons mit je einem Klecks Crème fraîche oder je einem Teelöffel grünem Pesto servieren.

Perfekt kombiniert

Kürbiseintopf mit roten Linsen

Zubereitungszeit: 30 Minuten **Garzeit:** etwa 25 Minuten **Pro Portion:** E: 26 g, F: 40 g, Kh: 38 g, kJ: 2583, kcal: 616, BE: 3,0

1–2 Zwiebeln
1 Knoblauchzehe
200 g Kürbis, z. B. Hokkaido
100 g Staudensellerie
250 g festkochende Kartoffeln
1–2 EL Olivenöl
500 ml (½ l) Gemüsebrühe
2 Wiener Würstchen
3–4 Stängel Zitronenthymian
50 g rote Linsen
Salz
frisch gemahlener Pfeffer

1 EL geröstete Kürbiskerne
1–2 EL Kürbiskernöl

1 Zwiebeln und Knoblauch abziehen, fein würfeln. Kürbis entkernen, schälen und das Fruchtfleisch in Stücke schneiden. Staudensellerie putzen, abspülen, abtropfen lassen und die harten Außenfäden abziehen. Die Stangen in dünne Scheiben schneiden. Kartoffeln schälen, abspülen, abtropfen lassen und würfeln.

2 Olivenöl in einem Topf erhitzen. Zwiebel- und Knoblauchwürfel darin andünsten. Kürbisstücke, Selleriescheiben und Kartoffelwürfel mit der Brühe hinzufügen, kurz aufkochen und zugedeckt etwa 15 Minuten bei mittlerer Hitze kochen.

3 Würstchen in Scheiben schneiden. Thymian abspülen, trocken tupfen und die Blättchen von den Stängeln zupfen. Linsen, Würstchenscheiben und Thymianblättchen in den Topf geben, alles noch etwa 10 Minuten zugedeckt weiterkochen. Den Eintopf mit Salz und Pfeffer abschmecken. Zum Servieren den Eintopf mit Kürbiskernen bestreuen und mit Kürbiskernöl beträufeln.

Tipps: Statt roter Linsen können Sie auch 50 g Tellerlinsen verwenden. Diese in ein Sieb geben, mit kaltem Wasser abspülen und abtropfen lassen. Da die Tellerlinsen eine längere Garzeit haben, die Linsen schon unter Punkt 2 mit dem Gemüse und der Brühe in den Topf geben und mitkochen lassen.
Wenn Sie keinen Zitronenthymian bekommen, können Sie ersatzweise auch Thymian und etwas abgeriebene, unbehandelte Zitronenschale verwenden.

Zusatzrezept: Wenn Sie einen ganzen Kürbis gekauft haben, dann können Sie den restlichen Kürbis zum Beispiel zu **Kürbisgemüse** verarbeiten. Dazu etwa 600 g entkernten Kürbis in Spalten schneiden und schälen. Fruchtfleisch in Würfel schneiden. 1–2 Esslöffel Olivenöl in einem Topf erhitzen. Kürbis darin kurz unter Rühren andünsten. Etwa 50 ml Gemüsebrühe hinzugießen. Kürbis zugedeckt bei schwacher Hitze etwa 10 Minuten gar dünsten, dabei gelegentlich umrühren. Das Kürbisgemüse mit Salz, Pfeffer, Zucker und evtl. etwas Weißweinessig abschmecken. Nach Belieben 1 Esslöffel gehackte Kräuter unterheben.

Erfrischend

Zitronen-Parmesan-Suppe

Zubereitungszeit: **20 Minuten** Garzeit: **etwa 15 Minuten** Pro Portion: **E: 26 g, F: 50 g, Kh: 10 g, kJ: 2516, kcal: 601, BE: 0,5**

1 EL Butter

1 EL Weizenmehl

500 ml (½ l) Geflügelbrühe

100 g Schlagsahne

1 Bio-Zitrone (unbehandelt, ungewachst)

1 Hähnchenbrustfilet (etwa 150 g)

Salz

frisch gemahlener Pfeffer

etwa 50 g Rucola (Rauke)

4 EL Olivenöl

2 EL geriebener Parmesan-Käse

1 Für die Suppe Butter in einem Topf zerlassen. Mehl unter Rühren so lange darin erhitzten, bis es hellgelb ist. Nach und nach Brühe hinzugießen, mit einem Schneebesen durchschlagen, dabei darauf achten, dass keine Klümpchen entstehen.

2 Das Ganze zum Kochen bringen und unter gelegentlichem Rühren etwa 10 Minuten köcheln lassen. Dann Sahne unterrühren.

3 Zitrone heiß abwaschen, abtrocknen und die Schale abreiben. Etwa ½ Teelöffel der Zitronenschale zum Garnieren beiseitelegen. Zitrone halbieren und auspressen.

4 Das Hähnchenbrustfilet unter fließendem kalten Wasser abspülen und trocken tupfen. Das Filet in kleine Würfel schneiden, mit Salz und Pfeffer würzen.

5 Rucola verlesen und dicke Stängel abschneiden. Rucola waschen und trocken tupfen oder trocken schleudern. 2 Rucolablätter zum Garnieren beiseitelegen. Die restlichen Blätter in Stücke zupfen und in einen Rührbecher geben. Olivenöl und 1 Prise Salz hinzugeben und pürieren.

6 Abgeriebene Zitronenschale, Parmesan-Käse und die Hälfte des Zitronensaftes in die Suppe geben und pürieren. Das Hähnchenfleisch in die Suppe geben und in etwa 5 Minuten bei schwacher Hitze gar ziehen lassen. Die Suppe nach Belieben nochmals mit Zitronensaft und Salz abschmecken.

7 Die Suppe auf 2 Suppenschalen verteilen und mit je einem Esslöffel Rucola-Öl beträufeln. Die Suppe mit beiseite gelegten Rucolablättern und geriebener Zitronenschale garniert servieren.

Tipp: Das restliche Rucola-Öl für Salate oder Nudelgerichte verwenden.

Einfach

Gemüsetopf mit Brätbällchen

Zubereitungszeit: 25 Minuten **Garzeit:** etwa 15 Minuten **Pro Portion:** E: 15 g, F: 30 g, Kh: 23 g, kJ: 1740, kcal: 416, BE: 1,0

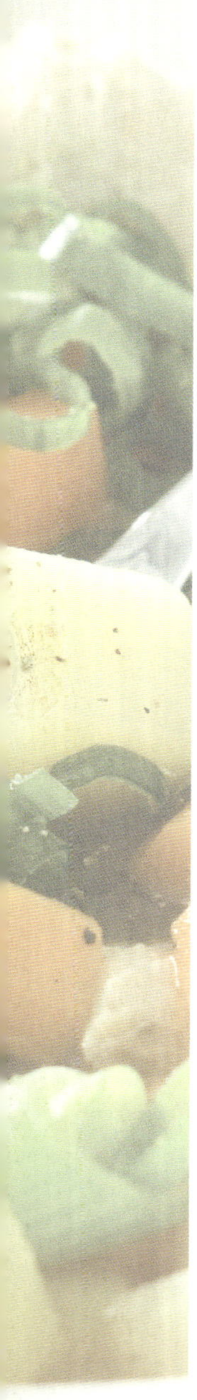

800 ml Fleischbrühe

1 feine, frische Bratwurst (etwa 150 g)

3 Frühlingszwiebeln

1 dicke Möhre (etwa 150 g)

1 große Kartoffel (etwa 200 g)

1 Kohlrabi

2 EL Speiseöl, z. B. Olivenöl

Salz

frisch gemahlener Pfeffer

1 Fleischbrühe in einem Topf zum Kochen bringen. Den Topf dann von der Kochstelle nehmen.

2 Die Bratwurstmasse aus der Haut drücken. Daraus kleine Klößchen formen und in die heiße Brühe geben oder direkt aus der Bratwurst kleine Klöße in die heiße Brühe drücken. Die Klößchen in der Brühe gar ziehen lassen.

3 In der Zwischenzeit Frühlingszwiebeln putzen, abspülen und abtropfen lassen. Das dunkle Grün abschneiden und beiseitelegen. Die restlichen Stücke in etwa 1 cm dicke Scheiben schneiden.

4 Möhre putzen. Kartoffel, Möhre und Kohlrabi schälen, abspülen, abtropfen lassen und in etwa 1 cm große Würfel schneiden.

5 Speiseöl in einem Topf erhitzen. Das Gemüse unter Rühren darin andünsten. Die Fleischbrühe mit den Klößchen hinzugießen. Das Ganze zum Kochen bringen. Die Suppe zugedeckt etwa 15 Minuten bei mittlerer Hitze kochen.

6 Die Suppe evtl. nochmals würzen. Das beiseite gelegte Grün der Frühlingszwiebeln in feine Ringe schneiden. Den Eintopf mit den Frühlingszwiebelringen bestreuen und servieren.

Raffiniert

Kürbissuppe mit Blutwurst

Zubereitungszeit: 35 Minuten **Garzeit:** etwa 20 Minuten **Pro Portion:** E: 10 g, F: 47 g, Kh: 22 g, kJ: 2340, kcal: 560, BE: 1,5

400 g Kürbis, z. B. Hokkaido
1 kleine Zwiebel
20 g Butter oder Margarine
250 ml (¼ l) Gemüsebrühe
100 ml Orangensaft
2 Stängel Thymian
50 g geräucherter Speck im Stück
1 Sternanis
100 g Schlagsahne
Salz
frisch gemahlener Pfeffer
1–2 TL Currypulver
etwas gemahlener Kreuzkümmel (Cumin)

etwa 50 g geräucherte, feste Blutwurst (im Stück, Ø etwa 5 cm)
etwas Weizenmehl
1–2 EL Olivenöl
30 g geschälte Haselnusskerne

1 EL Schnittlauchröllchen

1 Vom Kürbis die Kerne mit einem Löffel herauskratzen und den Kürbis schälen. Kürbisfleisch in kleine Würfel schneiden. Zwiebel abziehen und in kleine Würfel schneiden.

2 Butter oder Margarine in einem Topf zerlassen. Zwiebel- und Kürbiswürfel darin andünsten. Brühe und Orangensaft hinzugießen.

3 Thymian abspülen und trocken tupfen. Speck, Sternanis und Thymian in die Brühe geben, zum Kochen bringen und etwa 20 Minuten kochen.

4 Speck, Sternanis und Thymian aus der Suppe nehmen. Die Suppe pürieren oder durch ein Sieb streichen.

5 Sahne unterrühren. Die Suppe nochmals kurz erwärmen. Die Suppe mit Salz, Pfeffer, Curry und Kreuzkümmel abschmecken.

6 Von der Blutwurst den Darm abziehen. Blutwurst in etwa 1 cm dicke Scheiben schneiden und in Mehl wälzen.

7 Olivenöl in einer großen Pfanne erhitzen. Blutwurstscheiben darin von beiden Seiten kurz anbraten. Haselnusskerne hinzufügen und kurz mitbraten.

8 Die Suppe mit Schnittlauchröllchen bestreuen, mit Blutwurstscheiben und Haselnüssen servieren.

Tipp: Vom Speck die Schwarte abschneiden. Den Speck in Streifen schneiden, mit Blutwurst und Haselnüssen anbraten und in die Suppe geben.

Rezeptvariante: Für eine **einfache Kürbissuppe** können Sie die vorbereiteten Kürbis- und Zwiebelwürfel wie in Punkt 2 beschrieben in zerlassener Butter oder Margarine andünsten. Gießen Sie dann 375 ml (3/8 l) Gemüsebrühe hinzu. Die Suppe ebenfalls etwa 20 Minuten kochen, anschließend pürieren oder durch ein Sieb streichen. Die Suppe mit Salz, Pfeffer, Zucker und etwas Balsamico-Essig abschmecken, mit gehackten Kräutern servieren.

Schnell gemacht

Kleines Steak auf Röstbrot

Zubereitungszeit: 25 Minuten **Pro Portion:** E: 36 g, F: 33 g, Kh: 23 g, kJ: 2229, kcal: 532, BE: 2,0

2 EL Olivenöl
4 Scheiben Ciabatta oder Baguette
1 Knoblauchzehe
2 kleine Zwiebeln
1 EL Olivenöl
Salz
frisch gemahlener Pfeffer

etwa 30 g Rucola (Rauke)

1 EL Olivenöl
4 kleine Rinderfiletmedaillons (je etwa 60 g)
oder
2 Hüftsteaks (je etwa 120 g)

1 EL Olivenöl
2 Eier (Größe M)

1 Olivenöl in einer Pfanne erhitzen. Die Brotscheiben darin von beiden Seiten goldgelb rösten und aus der Pfanne nehmen. Die Knoblauchzehe halbieren und mit der Schnittfläche die Brotscheiben abreiben.

2 Die Zwiebeln abziehen, in nicht zu dünne Scheiben schneiden und diese dann in Ringe teilen. Olivenöl in der Pfanne erhitzen. Die Zwiebelringe darin unter Rühren anbraten, mit Salz und Pfeffer würzen. Dann die Zwiebelringe aus der Pfanne nehmen und warm stellen.

3 Rucola verlesen und dicke Stängel abschneiden. Rucola waschen und trocken tupfen oder trocken schleudern.

4 Olivenöl in der Pfanne erhitzen. Die Fleischscheiben trocken tupfen, mit Salz bestreuen und in die Pfanne gegen. Die Steaks jeweils 3 Minuten je Seite braten und mit Pfeffer bestreuen.

5 Gleichzeitig in einer zweiten Pfanne Olivenöl erhitzen. Die beiden Eier darin braten. Spiegeleier mit Salz und Pfeffer bestreuen.

6 Je 2 Brotscheiben auf einen Teller geben. Zuerst die Steaks, dann die Zwiebelringe und Rucola darauf verteilen. Dazu die Spiegeleier servieren.

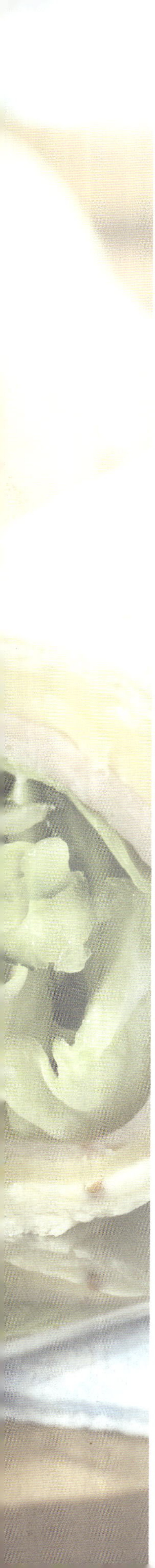

Schnell

Käse-Schinken-Wraps (Foto)

Zubereitungszeit: 15 Minuten **Pro Portion:** E: 34 g, F: 20 g, Kh: 35 g, kJ: 1960, kcal: 468, BE: 2,5

8 Blätter Kopfsalat

¼ Salatgurke

2 EL Gartenkresse

4 EL Joghurt

2 EL körniger Senf

1 EL flüssiger Honig

2 Tortilla-Fladen (Ø etwa 30 cm)

2 Scheiben gekochter Schinken (etwa 120 g)

4 Scheiben Gouda-Käse (etwa 100 g)

1 Salatblätter abspülen und trocken tupfen. Gurke abspülen, abtrocknen und grob raspeln. Kresse abspülen, trocken tupfen und vom Beet schneiden.

2 Joghurt mit Senf und Honig glatt rühren. Die Tortilla-Fladen damit gleichmäßig bestreichen. Schinken, Käse, Salatblätter und Gurkenraspel darauf verteilen. Kresse daraufstreuen.

3 Die Tortillas fest aufrollen, mit einem scharfen Messer schräg halbieren und sofort servieren oder kurz kalt stellen.

Tipp: Die Wraps mit einer Serviette umwickeln.

Zucchini-Carpaccio mit Gemüse-Vinaigrette

Zubereitungszeit: 20 Minuten **Pro Portion:** E: 12 g, F: 34 g, Kh: 10 g, kJ: 1615, kcal: 386, BE: 0,0

2 kleine Zucchini

2 EL Olivenöl

Salz

frisch gemahlener Pfeffer

Für die Gemüse-Vinaigrette:

1 Möhre

2 Frühlingszwiebeln

2 EL Olivenöl

1–2 EL Zitronensaft

1 Prise Zucker

2 EL geröstete, gehackte Pinienkerne

2 EL gehobelter Parmesan-Käse

1 Zucchini abspülen, abtrocknen und die Enden abschneiden. Zucchini in feine Scheiben hobeln oder mit einer Aufschnittmaschine in feine Scheiben schneiden. Zwei große Teller mit den Zucchinischeiben belegen. Die Scheiben mit Olivenöl bestreichen und mit Salz und Pfeffer bestreuen.

2 Für die Gemüse-Vinaigrette Möhre putzen, schälen, abspülen, abtropfen lassen und sehr fein würfeln. Frühlingszwiebeln putzen, abspülen, abtropfen lassen und das obere Grün in feine Ringe schneiden und beiseitelegen. Die restliche Zwiebel in feine Scheiben schneiden.

3 Olivenöl in einer Pfanne erhitzen. Zuerst die Möhrenwürfel darin andünsten. Dann die Frühlingszwiebelscheiben dazugeben und mitdünsten. Gemüse etwa 5 Minuten garen, dann mit Zitronensaft, Zucker, Salz und Pfeffer abschmecken.

4 Die Vinaigrette auf das Carpaccio träufeln. Zucchini-Carpaccio mit Pinienkernen und Parmesan bestreut servieren.

Schnell gemacht

Eier-Sandwich-Streifen (Foto)

Zubereitungszeit: 10 Minuten **Pro Portion:** E: 15 g, F: 29 g, Kh: 53 g, kJ: 2233, kcal: 533, BE: 4,0

4 Scheiben Bauernbrot
20 g Butter
½ Bund Schnittlauch
etwa 150 g geputzter Eisbergsalat
2 EL Salatmayonnaise
Salz
frisch gemahlener Pfeffer
2 mittelgroße Tomaten
2 hart gekochte Eier
8 Scheiben Salatgurke

Holzstäbchen

1 Die Brotscheiben mit Butter bestreichen. Schnittlauch abspülen, trocken tupfen und in feine Röllchen schneiden. Eisbergsalat in feine Streifen schneiden, mit Mayonnaise und Schnittlauch verrühren. Salat mit Salz und Pfeffer würzen.

2 Die Tomaten abspülen, abtrocknen, halbieren und die Stängelansätze herausschneiden. Tomaten in Scheiben schneiden. Die Eier pellen und mit einem Eierschneider in Scheiben schneiden.

3 Den Salat auf zwei Brotscheiben verteilen. Darauf zuerst die Eierscheiben, dann abwechselnd die Tomaten- und Gurkenscheiben darauf verteilen.

4 Die anderen beiden Brotscheiben mit der Butterseite nach unten darauflegen. Die Sandwiches vorsichtig in etwa 2 cm breite Streifen schneiden. Die Sandwichstreifen mit Holzstäbchen fixieren.

Kräuterfrikadellen

Zubereitungszeit: 20 Minuten **Garzeit:** etwa 10 Minuten **Pro Portion:** E: 45 g, F: 44 g, Kh: 15 g, kJ: 2642, kcal: 631, BE: 1,0

2 Scheiben Toastbrot
1 kleine Zwiebel
1 Knoblauchzehe
½ Bund Schnittlauch
je 5–6 Stängel Kerbel und Basilikum
400 g Gehacktes (halb Rind-/ halb Schweinefleisch)
1 EL scharfer Senf
1 Ei (Größe M)
Salz
frisch gemahlener Pfeffer
2 EL Olivenöl

1 Die Toastscheiben in kaltem Wasser einweichen. Zwiebel und Knoblauch abziehen, fein würfeln.

2 Die Kräuter abspülen und trocken tupfen. Schnittlauch in feine Röllchen schneiden. Kerbel- und Basilikumblättchen von den Stängeln zupfen und fein hacken.

3 Toast gut ausdrücken, mit Gehacktem, Zwiebel- und Knoblauchwürfeln, Senf und Ei vermengen. Die Masse mit Salz und Pfeffer würzen. Aus der Masse mit angefeuchteten Händen 6 Frikadellen formen.

4 Öl in der Pfanne erhitzen. Die Frikadellen von beiden Seiten unter gelegentlichem Wenden bei mittlerer Hitze etwa 10 Minuten braun und gar braten.

Tipp: Die Frikadellen schmecken warm und kalt sehr gut.

Einfach

Pecorino-Carpaccio

mit Rucola und Chili

Zubereitungszeit: 20 Minuten **Pro Portion:** E: 21 g, F: 42 g, Kh: 1 g, kJ: 1912, kcal: 457, BE: 0,0

etwa 20 g Rucola (Rauke)

1–2 Stängel Thymian

1 Chilischote

125 g Pecorino-Käse im Stück

Salz

frisch gemahlener Pfeffer

4 EL Olivenöl

1 Rucola verlesen, dicke Stängel abschneiden. Rucola waschen, gut abtropfen lassen oder trocken schleudern und evtl. etwas kleiner zupfen. Thymian abspülen und trocken tupfen. Die Blättchen von den Stängeln zupfen.

2 Chili entstielen, entkernen, abspülen, abtropfen lassen und in feine Ringe schneiden. Pecorino-Käse mit dem Käsehobel oder einer Aufschnittmaschine in hauchdünne Scheiben schneiden. Zwei Teller oder eine Platte mit den Käsescheiben auslegen.

3 Rucola auf den Käsescheiben verteilen. Thymianblättchen und Chiliringe daraufstreuen. Carpaccio mit wenig Salz und Pfeffer bestreuen und mit Olivenöl beträufeln, sofort servieren.

Tipps: Das Carpaccio eignet sich gut als Vorspeise und kann vor dem Würzen zusätzlich mit in Scheiben geschnittenen Champignons belegt werden. Lecker ist es auch, das Carpaccio mit einigen Tropfen Knoblauchöl und/oder ein paar Spritzern Zitronensaft zu beträufeln. Auch ein paar Scheiben Parmaschinken und Knoblauchcroûtons passen gut dazu.
Statt Chiliringe und Rucola, kleine halbierte Weintrauben und gehackte Walnüsse auf den Käse streuen.

Zum Mitnehmen geeignet

Gefüllte Baguettebrötchen (Foto)

Zubereitungszeit: 10 Minuten **Pro Stück:** E: 23 g, F: 22 g, Kh: 42 g, kJ: 1928, kcal: 461, BE: 3,5

- 1 Tomate
- 75 g Salatgurke
- 50 g gekochter Schinken
- 100 g Camembert
- einige Salatblätter
- einige Kräuterblättchen, z. B. Basilikum, Petersilie
- 2 Baguettebrötchen (je etwa 80 g)
- 20 g Butter

1 Tomate abspülen, abtrocknen, halbieren und den Stängelansatz herausschneiden. Gurke abspülen, abtrocknen und die Enden abschneiden. Tomate und Gurke in dünne Scheiben schneiden. Schinken in Streifen, Camembert in Scheiben schneiden. Salatblätter und Kräuterblättchen abspülen und trocken tupfen.

2 Baguettebrötchen waagerecht halbieren, mit Butter bestreichen. Die unteren Hälften nacheinander mit Salatblättern, Tomaten-, Gurken-, Camembertscheiben, Schinkenstreifen und Kräuterblättchen belegen, mit den oberen Brötchenhälften zudecken.

Tipp: Die Gurken- und Tomatenscheiben nach Belieben mit etwas Pfeffer bestreuen.

Snackbrötchen mit Putenbrust und Sprossen

Zubereitungszeit: 10 Minuten **Pro Stück:** E: 16 g, F: 13 g, Kh: 32 g, kJ: 1299, kcal: 311, BE: 2,5

- ¼ gelbe Paprikaschote
- 50 g Sprossen (z. B. Radieschensprossen oder Sojabohnensprossen)
- 2 Sonnenblumenkernbrötchen (je etwa 60 g)
- 20 g Butter
- 100 g Putenbrustaufschnitt in hauchdünnen Scheiben
- frisch gemahlener Pfeffer

1 Paprikaviertel evtl. entstielen, entkernen, abspülen, abtropfen lassen und in dünne Streifen schneiden. Die Sprossen verlesen, abspülen und gut abtropfen lassen.

2 Die Brötchen waagerecht halbieren und mit Butter bestreichen. Die unteren Hälften mit Putenbrustaufschnitt belegen und mit Pfeffer bestreuen. Dann die Paprikastreifen und Sprossen darauf verteilen und mit den oberen Brötchenhälften zudecken.

Tipp: Einen Teelöffel Feigensenfsauce auf die Putenbrust streichen, so wird es pikant-scharf.

Etwas teurer

Gebratene Garnelen (Foto)

Zubereitungszeit: 30 Minuten **Pro Portion:** E: 32 g, F: 10 g, Kh: 4 g, kJ: 995, kcal: 238, BE: 0,0

je 100 g rote und gelbe Cocktailtomaten

etwa 6 Stängel glatte Petersilie

1–2 Knoblauchzehen

etwa 300 g Garnelen, geschält und entdarmt (10–12 Stück)

1–2 EL Olivenöl

Salz

frisch gemahlener Pfeffer

1 Tomaten abspülen, trocken tupfen, vierteln, entkernen und die Stängelansätze herausschneiden. Petersilie abspülen und trocken tupfen. Die Blättchen von den Stängeln zupfen. Einige Blättchen zum Garnieren beiseitelegen. Restliche Blättchen klein schneiden. Knoblauch abziehen und fein würfeln.

2 Garnelen kurz abspülen und trocken tupfen. Olivenöl in einer Pfanne erhitzen. Knoblauchwürfel und Garnelen darin anbraten. Tomatenviertel und Petersilie unterrühren, mit Salz und Pfeffer würzen. Garnelen mit den beiseite gelegten Petersilienblättchen garniert servieren.

Beilage: Ofenfrisches warmes Ciabatta-Brot.

Marinierter Spargel

Zubereitungszeit: 30 Minuten, ohne Marinierzeit **Pro Portion:** E: 4 g, F: 10 g, Kh: 6 g, kJ: 555, kcal: 133, BE: 0,0

500 g weißer Spargel

250 ml (¼ l) Wasser

1 TL Salz

1 TL Butter

1 Prise Zucker

1 rote Zwiebel

½ Bund Kerbel

1 TL Weißweinessig oder Zitronensaft

2 EL Spargelfond

¼ TL Salz

¼ TL Zucker

frisch gemahlener Pfeffer

2 EL Olivenöl

1 Den Spargel von oben nach unten schälen, darauf achten, dass die Schalen vollständig entfernt, die Köpfe aber nicht verletzt werden. Die unteren Enden abschneiden (holzige Stellen vollkommen entfernen). Spargel abspülen und abtropfen lassen.

2 Wasser mit Salz, Butter und Zucker in einem Topf zum Kochen bringen. Die Spargelstangen hinzufügen, zum Kochen bringen und zugedeckt in 8–10 Minuten bissfest oder in 12–15 Minuten weich garen. Spargel in einem Sieb abtropfen lassen und warm stellen. 2 Esslöffel von dem Spargelfond abnehmen.

3 Zwiebel abziehen und in feine Würfel schneiden. Kerbel abspülen, trocken tupfen und die Blättchen von den Stängeln zupfen. Blättchen fein schneiden.

4 Essig oder Zitronensaft mit Spargelfond verrühren, mit Salz, Zucker und Pfeffer abschmecken. Öl unterschlagen. Zwiebel und Kerbel unterrühren. Die Marinade über den warmen Spargel geben und den Spargel etwa 30 Minuten marinieren.

Etwas aufwendiger

Kartoffel-Zucchini-Rösti
mit Kräuter-Vinaigrette

Zubereitungszeit: **30 Minuten** Pro Portion: **E: 7 g, F: 45 g, Kh: 38 g, kJ: 2418, kcal: 603, BE: 3,0**

2 große festkochende Kartoffeln (je etwa 200 g)

1 Zucchini (200 g)

1 kleine Zwiebel

1 EL Speisestärke

Salz

frisch gemahlener Pfeffer

6 EL Speiseöl, z. B. Olivenöl

Für die Kräuter-Vinaigrette:

1 EL Apfel- oder Obstessig

1 TL flüssiger Honig

4 EL Walnussöl

1 Schalotte

25 g Italienische TK-Kräuter

Für den Salat:

100 g Feldsalat

4 Radieschen

1 EL Crème fraîche

2 EL Orangensaft

1 Prise Zucker

1 Kartoffeln schälen, abspülen und abtropfen lassen. Zucchini abspülen, abtrocknen und die Enden abschneiden. Kartoffeln grob raspeln. Die Kartoffelraspel in einem feuchten Küchentuch gut ausdrücken. Die Zucchini ebenfalls grob raspeln, aber nicht ausdrücken.

2 Zwiebel abziehen und fein reiben. Kartoffel- und Zucchiniraspel mit der geriebenen Zwiebel gut vermengen. Speisestärke daraufstäuben, Salz und Pfeffer daraufstreuen. Die Masse nochmals gut vermengen.

3 Das Speiseöl in einer beschichteten Pfanne erhitzen. Den Teig in 8–10 kleinen Portionen mit einem Esslöffel hineingeben, etwas flach drücken. Die Rösti bei mittlerer Hitze von beiden Seiten goldgelb braten.

4 Die fertigen Rösti aus der Pfanne nehmen, überschüssiges Fett mit Küchenpapier abtupfen und die Rösti warm stellen.

5 Für die Kräuter-Vinaigrette Essig mit Honig verrühren, mit Pfeffer und Salz würzen. Walnussöl unterschlagen. Die Schalotte abziehen und ganz fein würfeln. Zusammen mit der Kräutermischung unter die Vinaigrette rühren.

6 Für den Salat Feldsalat verlesen und Wurzelansätze abschneiden. Salat waschen und gut abtropfen lassen oder trocken schleudern. Salat in mundgerechte Stücke zupfen. Radieschen putzen, waschen, gut abtropfen lassen und in dünne Scheiben schneiden oder hobeln.

7 Crème fraîche mit Orangensaft verrühren, mit Salz, Pfeffer und Zucker abschmecken. Feldsalat mit Radieschenscheiben und Crème-fraîche-Sauce vermischen.

8 Die Rösti mit Vinaigrette und Salat servieren.

Etwas teurer

Kross gebratenes Zanderfilet

Zubereitungszeit: 45 Minuten **Pro Portion:** E: 38 g, F: 22 g, Kh: 6 g, kJ: 1562, kcal: 373, BE: 0

500 g weißer Spargel

250 ml (¼ l) Wasser

1 TL Salz

1 Prise Zucker

½–1 EL Zitronensaft

75 g Tomaten

300 g Zanderfilet mit Haut (ohne Gräten)

1 TL Zitronensaft

Salz

frisch gemahlener Pfeffer

etwas Weizenmehl zum Bestäuben

2 Thymianstängel

2–3 EL Olivenöl

2 EL Olivenöl

1 EL Schnittlauchröllchen

2 EL fein geriebener Parmesan-Käse

evtl. einige Kerbelstängel zum Garnieren

1 Den Spargel von oben nach unten schälen. Darauf achten, dass die Schalen vollständig entfernt, die Köpfe aber nicht verletzt werden. Die unteren Enden abschneiden (holzige Stellen vollkommen entfernen).

2 Wasser mit Salz, Zucker und Zitronensaft in einem Topf zum Kochen bringen. Spargelstangen hinzufügen, zum Kochen bringen und zugedeckt je nach Spargeldicke in 8–10 Minuten bissfest oder in 12–15 Minuten weich garen.

3 In der Zwischenzeit Tomaten kreuzweise einschneiden und kurz in kochendes Wasser legen. Anschließend mit kaltem Wasser abschrecken, enthäuten, vierteln und die Stängelansätze herausschneiden. Die Tomatenviertel entkernen und in Würfel schneiden.

4 Zanderfilet unter fließendem kalten Wasser abspülen, trocken tupfen und in 4 gleich große Stücke schneiden. Zanderfiletstücke auf der Innenseite mit Zitronensaft beträufeln und mit Salz und Pfeffer würzen. Die Hautseite jeweils mit etwas Mehl bestäuben. Thymianstängel abspülen und trocken tupfen.

5 Olivenöl in einer großen Pfanne erhitzen. Zanderfiletstücke mit der Hautseite nach unten hineinlegen. Thymianstängel hinzufügen. Zanderfiletstücke auf der Hautseite so lange braten, bis das Fischfleisch noch etwas glasig ist. Dann die Zanderfiletstücke umdrehen und noch kurz auf der Seite ohne Haut braten.

6 Den Spargel abtropfen lassen. Spargel und Zander auf vorgewärmten Tellern oder Platten anrichten. Spargel mit Olivenöl beträufeln und mit Schnittlauchröllchen, Tomatenwürfeln und Parmesan-Käse bestreuen. Nach Belieben das Zanderfilet mit Kerbel garniert servieren.

Beilage: Neue kleine Petersilienkartoffeln schmecken sehr gut dazu.

Mal was anderes

Fischstäbchen vom Lachs

auf Bohnensalat

Zubereitungszeit: **25 Minuten** Garzeit: **etwa 30 Minuten** Pro Portion: **E: 45 g, F: 42 g, Kh: 32 g, kJ: 2858, kcal: 683, BE: 2,5**

350 g grüne Bohnen (nach Möglichkeit je zur Hälfte Schneide- und Brechbohnen)

750 ml (3/4 l) Wasser

1 TL Salz

75 g Instant-Couscous

400 g Lachsfilet

Salz

frisch gemahlener Pfeffer

2 EL Olivenöl

1 EL Butter

2 EL Olivenöl

2–3 Stängel Bohnenkraut

1 große Tomate

1 Von den Bohnen die Enden abschneiden, evtl. Fäden abziehen. Bohnen abspülen, abtropfen lassen und in Stücke schneiden oder brechen.

2 Wasser in einem Topf zum Kochen bringen. Salz hinzugeben. Nacheinander die beiden Bohnensorten zugedeckt in 8–12 Minuten gar kochen. Bohnen in ein Sieb geben, mit kaltem Wasser abschrecken und abtropfen lassen.

3 Couscous nach Packungsanleitung zubereiten. Couscous mit einer Gabel auflockern und auf einem großen Teller verteilen.

4 Das Lachsfilet unter fließendem kalten Wasser abspülen, trocken tupfen und mit Salz und Pfeffer bestreuen. Das Filet rundherum im Couscous wälzen. Couscous andrücken. Das Filet in 4 gleich große Streifen schneiden.

5 Olivenöl und Butter in einer Pfanne erhitzen. Die Lachsstreifen darin bei mittlerer Hitze rundherum etwa 10 Minuten braten.

6 In der Zwischenzeit die Bohnen mit Olivenöl mischen, mit Salz und Pfeffer würzen. Bohnenkraut abspülen und trocken tupfen. 2 kleine Stängel abzupfen und beiseitelegen. Die Blättchen von den restlichen Stängeln zupfen.

7 Tomate abspülen, abtrocknen, vierteln und den Stängelansatz herausschneiden. Tomate entkernen und das Fruchtfleisch in Würfel schneiden. Die Bohnenkrautblättchen und Tomatenwürfel unter den Bohnensalat heben.

8 Den Bohnensalat auf 2 Tellern verteilen, mit den Fischstäbchen vom Lachs anrichten und mit den beiseite gelegten Bohnenkrautstängeln garniert servieren.

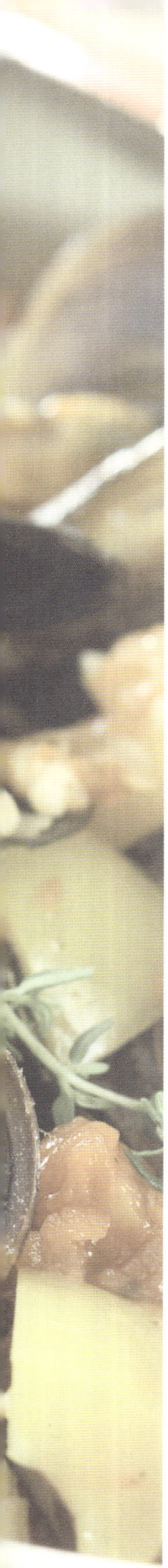

Muscheltopf

mit weißen Bohnen und Tomaten

Zubereitungszeit: 30 Minuten **Garzeit:** etwa 10 Minuten **Pro Portion:** E: 17 g, F: 12 g, Kh: 30 g, kJ: 1401, kcal: 333, BE: 2,0

800 g Miesmuscheln

1 Zwiebel

1 Knoblauchzehe

1 gelbe Paprikaschote

2 EL Olivenöl

8–10 Stängel Thymian

100 ml trockener Weißwein

1 Dose weiße Bohnen (Abtropfgewicht 225 g)

1 Dose stückige Tomaten (370 g)

Salz

frisch gemahlener Pfeffer

1 Miesmuscheln in reichlich kaltem Wasser gründlich waschen und einzeln abbürsten, bis sie nicht mehr sandig sind (Muscheln, die sich beim Waschen öffnen, sind ungenießbar und müssen aussortiert werden). Evtl. die Fäden (Bartbüschel) entfernen.

2 Zwiebel und Knoblauch abziehen und fein würfeln. Paprikaschote halbieren, entstielen, entkernen und die weißen Scheidewände entfernen. Schote abspülen, abtropfen lassen und in kleine Stücke schneiden.

3 Olivenöl in einem Topf erhitzen. Zwiebel- und Knoblauchwürfel und Paprikastücke darin andünsten. Thymian abspülen und trocken tupfen. 4 Thymianstängel zum Garnieren beiseitelegen.

4 Die Miesmuscheln und 2 Thymianstängel in den Topf geben. Weißwein hinzugießen. Die Bohnen in ein Sieb geben, mit kaltem Wasser kurz abspülen und abtropfen lassen.

5 Stückige Tomaten und Bohnen in den Topf geben und unterrühren. Das Ganze mit Salz und Pfeffer würzen, kurz aufkochen lassen und etwa 10 Minuten zugedeckt köcheln lassen (bis sich die Muscheln geöffnet haben. Muscheln, die sich nach dem Garen nicht öffnen, sind ungenießbar und müssen aussortiert werden).

6 Den Muscheltopf mit den beiseite gelegten Thymianstängeln garnieren und servieren.

Beilage: Den Muscheltopf mit frischem Baguette servieren.

Einfach

Seelachsfilet mit Ofentomaten

Zubereitungszeit: 25 Minuten **Garzeit:** etwa 15 Minuten **Pro Portion:** E: 33 g, F: 14 g, Kh: 3 g, kJ: 1120, kcal: 267, BE: 0,0

200 g Cocktailtomaten

2 EL Olivenöl

frisch gemahlener Pfeffer

Salz

2 Seelachsfilets (je etwa 150 g)

1 EL Olivenöl

4 Scheiben Pancetta (Italienischer Bauchspeck, etwa 55 g)

1 EL Butter

einige Stängel Basilikum

1 Den Backofen vorheizen.
Ober-/Unterhitze: etwa 160 °C
Heißluft: etwa 140 °C

2 Die Cocktailtomaten abspülen, abtropfen lassen, halbieren und evtl. die Stängelansätze herausschneiden. Die Tomatenhälften auf einem Backblech (gefettet) verteilen. Die Tomaten mit Olivenöl beträufeln, mit Pfeffer und Salz bestreuen. Das Backblech auf mittlerer Einschubleiste in den vorgeheizten Backofen schieben. Die Tomaten etwa 15 Minuten garen.

3 In der Zwischenzeit Fischfilets unter fließendem kalten Wasser abspülen, trocken tupfen, mit Pfeffer und ein wenig Salz (da der Speck salzig ist) bestreuen.

4 Öl in einer Pfanne erhitzen. Die Speckscheiben darin kross ausbraten, dann aus der Pfanne nehmen und auf Küchenpapier legen.

5 Butter zum Bratfett in die Pfanne geben. Die Fischfiletstücke darin von jeder Seite etwa 4 Minuten braten.

6 Basilikum abspülen, abtropfen lassen und die Blättchen von den Stängeln zupfen. Das Fischfilet mit dem krossen Speck und den Ofentomaten auf vorgewärmten Teller anrichten. Die Tomaten mit Basilikumblättern bestreuen.

Beilage: Servieren Sie dazu frisch getoastete Scheiben Oliven-Ciabatta-Brot.

Etwas aufwendiger

Geräucherter Lachs auf Zartweizenpuffern

Zubereitungszeit: 30 Minuten, ohne Abkühlzeit **Pro Portion:** E: 29 g, F: 52 g, Kh: 62 g, kJ: 3489, kcal: 833, BE: 5,0

75 g Zartweizen

1 große festkochende Kartoffel (etwa 200 g)

1 Möhre (etwa 150 g)

1 Ei (Größe M)

1 EL Speisestärke

Salz

frisch gemahlener Pfeffer

4 EL Olivenöl

2 EL Butter

Für den Salat:

etwa 150 g Friséesalat

20 Himbeeren

1–2 TL Balsamico-Essig

2 EL Wasser

1 TL flüssiger Honig

2–3 EL Olivenöl

2–3 Stängel Dill

125 g Crème légère mit frischen Kräutern

8 Scheiben geräucherter Lachs (etwa 160 g)

1 Zartweizen nach Packungsanleitung zubereiten und erkalten lassen.

2 Kartoffel schälen, abspülen, abtropfen lassen und grob reiben. Die Kartoffelraspel in einem feuchten Küchentuch gut ausdrücken, dann mit dem Zartweizen mischen.

3 Möhre putzen, schälen, abspülen und abtropfen lassen. Möhre grob raspeln und zu der Kartoffel-Zartweizen-Mischung geben.

4 Das Ei gut verquirlen und mit der Stärke unter die Mischung geben. Den Teig mit Salz und Pfeffer würzen.

5 Etwa die Hälfte von dem Öl und der Butter in einer großen Pfanne erhitzen. Den Teig halbieren. Aus einer Hälfte mit einem Esslöffel 4 Portionen hineingeben und sofort flach drücken. Die Puffer bei mittlerer Hitze von beiden Seiten so lange braten, bis der Rand knusprig braun ist.

6 Die fertigen Puffer aus der Pfanne nehmen, überschüssiges Fett mit Küchenpapier abtupfen und die Puffer warm stellen. Aus dem restlichen Teig auf die gleiche Weise Puffer braten.

7 Für den Salat Friséesalat putzen, waschen, gut abtropfen lassen oder trocken schleudern. Die Blätter in mundgerechte Stücke zupfen. Himbeeren kurz abspülen und gut abtropfen lassen.

8 Essig mit Wasser und Honig verrühren, mit Salz und Pfeffer würzen. Olivenöl unterschlagen. Salatblätter mit dem Dressing mischen und die Himbeeren vorsichtig unterheben.

9 Dill abspülen und trocken tupfen. Etwas Dill zum Garnieren beiseitelegen. Die Dillspitzen von den restlichen Stängeln zupfen, fein hacken und unter die Crème fraîche rühren. Die Puffer mit Lachs, Kräuter-Crème-fraîche und beiseite gelegten Dill anrichten, mit dem Salat servieren.

Beliebt

Tilapiafilet „Bordelaise“

Zubereitungszeit: 30 Minuten **Garzeit:** 8–10 Minuten **Pro Portion:** E: 37 g, F: 49 g, Kh: 39 g, kJ: 3110, kcal: 743, BE: 3,0

2 Tilapiafilets (je etwa 180 g)
Salz
frisch gemahlener Pfeffer
6 EL Semmelbrösel
3–4 EL Olivenöl
1 Bund Schnittlauch
2–3 Stängel Dill
1 EL körniger Senf
1 EL Butter

2 kleine Salatgurken (etwa 300 g)
125 g Schmand (Sauerrahm)
1 Prise Zucker

1 Den Backofen vorheizen.
Ober-/Unterhitze: etwa 200 °C
Heißluft: etwa 180 °C

2 Fischfilets unter fließendem kalten Wasser abspülen, trocken tupfen, mit Salz und Pfeffer bestreuen. Die Fischfilets in eine Auflaufform (gefettet) legen.

3 Die Semmelbrösel mit dem Olivenöl zu einer feucht-krümeligen Masse verrühren. Kräuter abspülen und trocken tupfen. Schnittlauch in feine Röllchen schneiden. Etwas Dill zum Garnieren beiseitelegen. Restliche Dillspitzen abzupfen und fein hacken.

4 Die Kräuter mit dem Senf unter die Bröselmischung rühren. Die Masse mit Pfeffer und Salz abschmecken, auf den Fischfilets verteilen. Butter in Flöckchen daraufsetzen.

5 Die Form auf dem Rost auf mittlerer Einschubleiste in den vorgeheizten Backofen schieben. Die Fischfilets 8–10 Minuten garen.

6 In der Zwischenzeit die Gurken abspülen, abtrocknen und die Enden abschneiden. Die Gurken in dünne Scheiben schneiden oder hobeln.

7 Den Schmand glatt rühren, mit Salz, Pfeffer und Zucker würzen. Die Gurkenscheiben mit Schmand verrühren und nochmals abschmecken.

8 Die Fischfilets mit Schmandgurken servieren und mit beiseite gelegtem Dill garnieren.

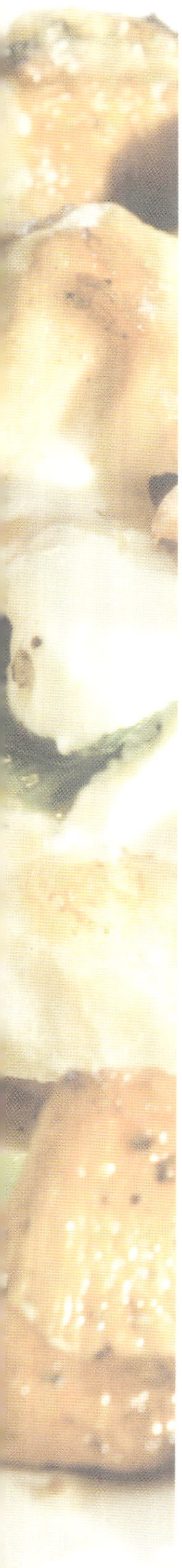

Einfach

Porree-Pfifferlings-Fisch

Zubereitungszeit: 25 Minuten **Garzeit:** etwa 20 Minuten **Pro Portion:** E: 49 g, F: 19 g, Kh: 7 g, kJ: 1687, kcal: 403, BE: 0,0

1 Stange Porree (Lauch)

2–3 Möhren

200 g Pfifferlinge

2 Fischfilets (z. B. Seelachsfilet, je etwa 200 g)

Salz

frisch gemahlener Pfeffer

1 TL abgeriebene Schale von 1 Bio-Zitrone (unbehandelt, ungewachst)

1 EL Speiseöl, z. B. Rapsöl

etwa 60 g Mozzarella-Käse

30 g geriebener Gouda-Käse

1 Den Backofen vorheizen.
Ober-/Unterhitze: etwa 200 °C
Heißluft: etwa 180 °C

2 Porree putzen, gründlich waschen und abtropfen lassen. Porree in dünne Ringe schneiden. Möhren putzen, schälen, abspülen und in feine Stifte schneiden. Pfifferlinge putzen und mit Küchenpapier abreiben, evtl. kurz abspülen und gut abtropfen lassen. Große Pfifferlinge evtl. halbieren.

3 Fischfilets unter fließendem kalten Wasser abspülen und trocken tupfen. Filets mit Salz, Pfeffer und Zitronenschale würzen, in eine Auflaufform (gefettet) legen.

4 Die Form auf dem Rost in den vorgeheizten Backofen schieben und den Fisch etwa 10 Minuten vorgaren.

5 In der Zwischenzeit Mozzarella abtropfen lassen und in kleine Stücke schneiden. Öl in einer Pfanne erhitzen. Möhrenstifte, Pfifferlinge und Porree darin unter Wenden etwa 5 Minuten bei starker Hitze anbraten und anschließend mit Salz und Pfeffer würzen. Mozzarella-Stücke unterrühren.

6 Die Pilz-Gemüse-Mischung auf dem Fisch verteilen und geriebenen Käse daraufstreuen. Die Form wieder zurück in den Backofen schieben und das Ganze weitere etwa 10 Minuten garen.

7 Filets mit dem Gemüse aus der Form nehmen und auf 2 Tellern anrichten.

Beilage: Dazu schmecken Pellkartoffeln oder knuspriges Baguette.

Tipp: Außerhalb der Pfifferlings-Saison können Sie das Gericht auch mit Champignons zubereiten.

Pikant-scharf

Farfalle mit Paprikasauce

Zubereitungszeit: 35 Minuten **Pro Portion:** E: 21 g, F: 8 g, Kh: 102 g, kJ: 2398, kcal: 573, BE: 7,5

1 kleine Zwiebel

1 milde Peperoni

je ½ kleine rote, grüne und gelbe Paprikaschote (je etwa 100 g)

1 Frühlingszwiebel

2 große Tomaten

1 EL Olivenöl

2–3 EL Gemüsebrühe

2 ½ l Wasser

2 ½ gestr. TL Salz

250 g Nudeln, z. B. Farfalle

Salz

frisch gemahlener Pfeffer

½ Msp. Sambal Oelek

1 Für die Sauce Zwiebel abziehen, zuerst in Scheiben schneiden, dann in Ringe teilen. Peperoni und Paprikaschoten halbieren, entstielen, entkernen und die weißen Scheidewände entfernen. Schotenhälften abspülen und abtropfen lassen. Peperonihälften in kleine, Paprikahälften in etwas größere Würfel schneiden.

2 Frühlingszwiebel putzen, abspülen, abtropfen lassen, in dünne Scheiben schneiden und 1 Teelöffel davon zum Garnieren beiseitelegen. Tomaten abspülen, abtrocknen, vierteln und die Stängelansätze herausschneiden. Tomaten in kleine Stücke schneiden.

3 Olivenöl in einer Pfanne erhitzen. Zwiebelringe, Peperoni-, Paprikawürfel und Tomatenstücke hinzugeben, 2–3 Minuten unter Rühren andünsten. Gemüsebrühe unterrühren. Die Zutaten zum Kochen bringen und etwa 8 Minuten bei schwacher Hitze köcheln.

4 In der Zwischenzeit Wasser zugedeckt in einem großen Topf zum Kochen bringen. Dann Salz und Nudeln hinzugeben. Die Nudeln im geöffneten Topf bei mittlerer Hitze nach Packungsanleitung kochen lassen, dabei gelegentlich umrühren.

5 Anschließend die Nudeln in ein Sieb geben, mit heißem Wasser abspülen und abtropfen lassen.

6 Die Frühlingszwiebelscheiben kurz vor dem Servieren in die Sauce geben. Die Sauce mit Salz, Pfeffer und Sambal Oelek abschmecken.

7 Die Sauce mit den Gewürzen abschmecken und zu den Nudeln reichen. Farfalle mit den beiseite gelegten Frühlingszwiebelscheiben bestreuen.

Tipp: Das Gericht zusätzlich mit gehobeltem Parmesan und Basilikum garniert servieren.

Kalorienarm

Junges Gemüse aus der Bratfolie

Zubereitungszeit: 30 Minuten **Garzeit:** etwa 30 Minuten **Pro Portion:** E: 9 g, F: 6 g, Kh: 33 g, kJ: 955, kcal: 228, BE: 2,0

250 g junge Möhren

1 Kohlrabi (etwa 200 g)

1 kleine Fenchelknolle (etwa 150 g)

100 g Staudensellerie

100 g kleine grüne Bohnen, z. B. Prinzessbohnen

125 g Zuckerschoten

250 g neue kleine Kartoffeln

½ Bund Kerbel

1–2 Knoblauchzehen

1 EL Olivenöl

Salz

frisch gemahlener Pfeffer

Außerdem:

1 Stück Bratfolie oder Bratschlauch

1 Möhren putzen, das Grün bis auf 2 cm abschneiden. Möhren schälen, abspülen und abtropfen lassen. Kohlrabi schälen, abspülen und abtropfen lassen. Kohlrabi zuerst in Scheiben, dann in Stifte schneiden.

2 Von der Fenchelknolle den Stiel dicht oberhalb der Knolle abschneiden. Braune Stellen und Blätter entfernen. Wurzelende gerade schneiden. Fenchel abspülen, abtropfen lassen und in Spalten schneiden.

3 Staudensellerie putzen und die harten Außenfäden abziehen. Sellerie abspülen und abtropfen lassen. Sellerie in kleine Stücke schneiden. Von den Bohnen die Enden abschneiden, evtl. Fäden abziehen. Bohnen abspülen, abtropfen lassen und in Stücke schneiden.

4 Den Backofen vorheizen.
Ober-/Unterhitze: etwa 200 °C
Heißluft: etwa 180 °C

5 Von den Zuckerschoten die Enden abschneiden, evtl. abfädeln. Schoten abspülen und abtropfen lassen. Kartoffeln gründlich unter fließendem kalten Wasser waschen und abbürsten. Kerbel abspülen und trocken tupfen. Die Blättchen von den Stängeln zupfen. Blättchen grob zerkleinern.

6 Die vorbereiteten Gemüsezutaten in einer Schüssel mischen. Knoblauch mit der Haut in Scheiben schneiden und untermischen, Olivenöl hinzufügen, mit Salz und Pfeffer würzen.

7 Die Gemüsemischung auf ein großes Stück Bratfolie oder in den Bratschlauch geben, nach Packungsanleitung verschließen und auf ein Backblech legen. Das Backblech in den vorgeheizten Backofen schieben und das Gemüse etwa 30 Minuten garen.

8 Die Folie aufschneiden. Das Gemüse auf einer vorgewärmten Platte anrichten und servieren.

Tipp: Für die Zubereitung können auch andere Gemüsesorten verwendet werden, z. B. Spargel und Zucchini.

Gelingt leicht

Gemüse-Linsen-Curry

Zubereitungszeit: 20 Minuten **Garzeit:** etwa 13 Minuten **Pro Portion:** E: 17 g, F: 23 g, Kh: 41 g, kJ: 1844, kcal: 442, BE: 2,5

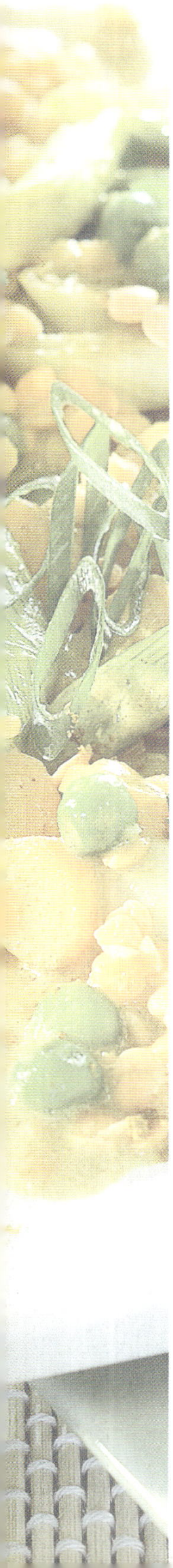

3 Frühlingszwiebeln

200 g Möhren

1 Knoblauchzehe

2 TL Speiseöl, z. B. Sonnenblumenöl

100 g TK-Erbsen

80 g rote Linsen

2 TL Currypulver

½ TL Cayennepfeffer

½ TL gemahlener Kreuzkümmel (Cumin)

200 ml Kokosmilch (ungesüßt)

Salz

etwas Zitronensaft

einige Minzeblättchen nach Belieben

1 Frühlingszwiebeln putzen, abspülen, abtropfen lassen und in schräge Stücke schneiden. Möhren putzen, schälen, abspülen, abtropfen lassen und in dünne, schräge Scheiben schneiden. Knoblauchzehe abziehen und fein hacken.

2 Öl in einer Pfanne oder einem Topf erhitzen. Frühlingszwiebeln und Möhren darin kurz dünsten. Gefrorene Erbsen, Linsen, Knoblauch, Currypulver, Cayennepfeffer und Kreuzkümmel zufügen und mitdünsten. Kokosmilch unterrühren, mit Salz würzen und zugedeckt etwa 13 Minuten garen.

3 Gemüsecurry mit Zitronensaft und Gewürzen abschmecken. Nach Belieben mit Minzeblättchen garniert servieren.

Tipp: Servieren Sie einen **Minze-Joghurt-Dip** dazu. Dazu einige Stängel Minze abspülen, trocken tupfen und die Blättchen von den Stängeln zupfen. Blättchen in feine Streifen schneiden. 150 g Joghurt mit etwas geriebener Zitronenschale (von einer unbehandelten, heiß abgewaschenen Zitrone) und den Minzestreifen verrühren. Den Dip mit Salz und einer Prise Zucker abschmecken.

Falafel mit Radieschensalat

Zubereitungszeit: 60 Minuten **Garzeit:** etwa 10 Minuten **Pro Portion:** E: 24 g, F: 42 g, Kh: 55 g, kJ: 2922, kcal: 699, BE: 4,0

1 Dose Kichererbsen (Abtropfgewicht 425 g)

1 kleine Zwiebel

1 Knoblauchzehe

1 EL Speiseöl, z. B. Sonnenblumenöl

Salz

1 TL gemahlener Kreuzkümmel (Cumin)

1 Ei (Größe S)

1 Msp. Cayennepfeffer

½ Bund Marokkanische Minze oder ½ Bund glatte Petersilie

2–3 EL Semmelbrösel

1 Bund Radieschen

½ TL Salz

2 EL Speiseöl, z. B. Sonnenblumenöl

Für den Zitronen-Schmand-Dip:

100 g Schmand (Sauerrahm)

Salz

1 Msp. gemahlener Kreuzkümmel (Cumin)

1 Msp. Cayennepfeffer

½ Bio-Zitrone (unbehandelt, ungewachst)

1 Prise Zucker

1 EL Speiseöl, z. B. Sonnenblumenöl

1 Die Kichererbsen in ein Sieb geben, mit kaltem Wasser abspülen und gut abtropfen lassen. Die Zwiebel abziehen und fein würfeln. Knoblauch abziehen und durch eine Knoblauchpresse drücken.

2 Speiseöl in einer Pfanne erhitzen. Zwiebelwürfel und Knoblauch darin andünsten, mit Salz und Kreuzkümmel würzen.

3 Kichererbsen und Ei in einen Rührbecher geben, fein pürieren. Die Masse mit Salz und Cayennepfeffer würzen. Zwiebel-Knoblauch-Masse unterziehen.

4 Kräuter abspülen, trocken tupfen und die Blättchen von den Stängeln zupfen. Die Hälfte der Blättchen fein schneiden und mit den Semmelbröseln unter die Kichererbsenmasse mischen (die Masse soll trocken und formbar sein). Die Masse nochmals mit den Gewürzen abschmecken.

5 Radieschen putzen, waschen, gut abtropfen lassen und auf einem Gemüsehobel in feine Scheiben hobeln. Die Scheiben mit Salz bestreuen.

6 Speiseöl in einer Pfanne erhitzen. Aus der Falafelmasse mit angefeuchteten Händen 6–8 kleine, frikadellenartige Falafel formen. Diese in der Pfanne bei mittlerer Hitze in etwa 10 Minuten rundherum goldgelb braten.

7 Für den Zitronen-Schmand-Dip Schmand mit Salz, Kreuzkümmel und Cayennepfeffer würzen. Zitrone heiß abwaschen, abtrocknen und die Schale abreiben. Zitronenhälfte auspressen. Schmand mit Zitronenschale, -saft und Zucker abschmecken.

8 Die Radieschenscheiben mit Speiseöl und den restlichen Kräuterblättern vermengen, mit den Falafeln und dem Dip servieren.

Klassisch

Gekochte Eier

mit grüner Sauce und Blattspinat

Zubereitungszeit: 20 Minuten **Garzeit:** 20–30 Minuten **Pro Portion:** E: 24 g, F: 42 g, Kh: 36 g, kJ: 2615, kcal: 625, BE: 2,5

500 g Kartoffeln

1 TL Salz

4 Eier (Größe M)

350 g junge Spinatblätter

1 Schalotte

1 EL Butter

Salz

frisch gemahlener Pfeffer

frisch geriebene Muskatnuss

2 EL Salatmayonnaise

4 EL Crème légère

1 Bund gemischte Kräuter, z. B. Borretsch, Kerbel, Schnittlauch, Sauerampfer, Dill

1 Kartoffeln schälen, evtl. schlechte Stellen entfernen. Kartoffeln abspülen und abtropfen lassen. Größere Kartoffeln ein- oder zweimal durchschneiden.

2 Kartoffeln in einen Topf geben und so viel Wasser hinzugießen, dass die Kartoffeln knapp bedeckt sind. Die Kartoffeln zugedeckt zum Kochen bringen. Salz hinzufügen und die Kartoffeln in 15–20 Minuten gar kochen.

3 In der Zwischenzeit Eier am dicken runden Ende mit einer Nadel oder einem Eierpick anstechen, damit sie beim Kochen nicht platzen. Die Eier in kochendem Wasser in etwa 6 Minuten wachsweich kochen. Dann die Eier mit kaltem Wasser abschrecken.

4 Spinat verlesen, putzen, gründlich waschen und gut abtropfen lassen. Schalotte abziehen und fein würfeln. Butter in einer Pfanne zerlassen. Schalottenwürfel darin andünsten.

5 Spinat hinzugeben und zugedeckt bei schwacher Hitze 5–10 Minuten garen, bis er zusammengefallen ist. Spinat vorsichtig umrühren und mit Salz, Pfeffer und Muskat abschmecken.

6 Mayonnaise mit Crème légère glatt rühren. Die Kräuter abspülen, trocken tupfen und die Blättchen von den Stängeln zupfen. Einige Kräuterblättchen zum Garnieren beiseitelegen. Restliche Blättchen fein schneiden und unter die Sauce rühren, mit Salz und Pfeffer abschmecken.

7 Kartoffeln abgießen. Kartoffeln im offenen Topf unter leichtem Schütteln abdämpfen. Die Eier pellen, halbieren, mit der grünen Sauce und dem Spinat anrichten, mit den beiseite gelegten Kräuterblättchen garnieren.

Tipp: Werden gekühlte Eier direkt aus dem Kühlschrank verwendet, verlängert sich die Kochzeit um etwa 1 Minute. Sehr kalte Eier in lauwarmem Wasser vorwärmen, damit die Schalen nicht platzen.

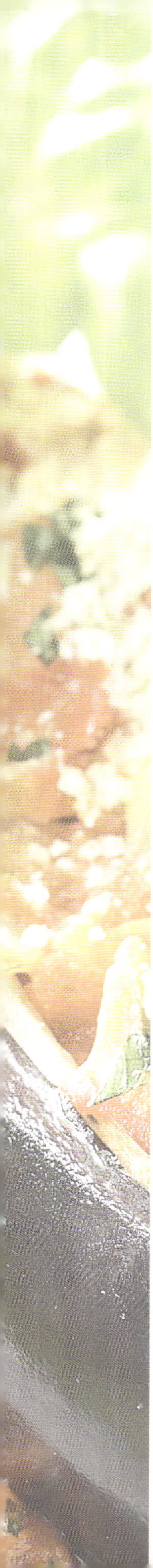

Preiswert

Gefüllte Auberginen

Zubereitungszeit: 30 Minuten **Garzeit:** etwa 40 Minuten **Pro Portion:** E: 13 g, F: 26 g, Kh: 16 g, kJ: 1441, kcal: 342, BE: 0,5

2 Auberginen (je etwa 250 g)

1 Zwiebel

1 Knoblauchzehe

Salz

2 Fleischtomaten (etwa 300 g)

einige Stängel Basilikum

Salzwasser

2 EL Olivenöl

frisch gemahlener Pfeffer

40 g geriebener Parmesan-Käse

Für die Sauce:

1 EL Olivenöl

1 kleine Dose stückige Tomaten (Füllmenge 212 g)

1–2 EL gemischte, gehackte Kräuter, z. B. Thymian, Rosmarin, Basilikum, Oregano

1 Auberginen abspülen, abtrocknen und längs einen Deckel abschneiden. Das Fruchtfleisch mit einem Löffel herauslösen, dabei einen etwa ½ cm breiten Rand stehen lassen. Fruchtfleisch in Würfel schneiden. Zwiebel abziehen und würfeln. Knoblauch abziehen und mit Salz zu einer Paste zerdrücken.

2 Tomaten abspülen, abtrocknen, halbieren und die Stängelansätze herausschneiden, Tomaten entkernen und in kleine Stücke schneiden. Basilikum abspülen, trocken tupfen, die Blättchen von den Stängeln zupfen. Einige Blättchen zum Garnieren beiseitelegen. Restliche Blättchen fein hacken.

3 Den Backofen vorheizen.
Ober-/Unterhitze: etwa 180 °C
Heißluft: etwa 160 °C

4 Auberginen in kochendem Salzwasser etwa 3 Minuten garen, in ein Sieb geben, mit kaltem Wasser abspülen und abtropfen lassen. Die Auberginenhälften nebeneinander in eine Auflaufform (gefettet) setzen.

5 Öl in einem Topf erhitzen. Etwa die Hälfte von den Zwiebelwürfeln hinzugeben und glasig dünsten. Auberginenwürfel und Tomatenstückchen hinzufügen und etwa 10 Minuten schmoren lassen. Knoblauchpaste und Basilikum unterrühren. Die Masse mit Salz und Pfeffer würzen.

6 Auberginen mit der Auberginen-Tomaten-Masse füllen und mit Käse bestreuen. Die Form auf dem Rost in den vorgeheizten Backofen schieben. Die Auberginen etwa 30 Minuten garen.

7 Für die Sauce Öl in einem Topf erhitzen. Die restlichen Zwiebelwürfel darin glasig dünsten. Tomatenstückchen unterrühren und zum Kochen bringen, unter Rühren leicht kochen lassen. Sauce mit Kräutern, Salz und Pfeffer würzen.

8 Die gefüllten Auberginen mit den beiseite gelegten Basilikumblättchen garnieren und mit der Sauce servieren.

Beilage: Ofenwarmes Knoblauchbaguette oder Reis.

Einfach

Hähnchenbrustfilet mit Frischkäsefüllung

Zubereitungszeit: 25 Minuten **Garzeit:** etwa 12 Minuten **Pro Portion:** E: 50 g, F: 28 g, Kh: 55 g, kJ: 2838, kcal: 678, BE: 4,5

2 Hähnchenbrustfilets (je etwa 160 g)

100 g Doppelrahm-Frischkäse

4 EL Milch

1 Dose Gemüsemais (Abtropfgewicht 125 g)

Salz

frisch gemahlener Pfeffer

Paprikapulver edelsüß

2 EL Olivenöl

4 Zweige Rosmarin

250 g Gnocchi, aus dem Kühlregal

1 EL grünes Pesto

Außerdem:

4 Holzstäbchen

1 Den Backofen vorheizen.
Ober-/Unterhitze: etwa 160 °C
Heißluft: etwa 140 °C

2 Hähnchenbrustfilets unter fließendem kalten Wasser abspülen und trocken tupfen. Mit einem langen, spitzen Messer in die dicke Seite der Filets eine tiefe Tasche schneiden.

3 Frischkäse mit Milch geschmeidig rühren. Mais abtropfen lassen und unterrühren. Die Füllung mit Salz, Pfeffer und Paprika abschmecken, mit einem Teelöffel in die eingeschnittenen Taschen der Filets füllen. Die Öffnung mit Holzstäbchen verschließen.

4 Olivenöl in einer ofenfesten Pfanne erhitzen. Die gefüllten Filets mit Salz, Pfeffer und Paprikapulver bestreuen, in der Pfanne rundherum gut anbraten. Rosmarinzweige abspülen und trocken tupfen. 2 Rosmarinzweige in die Pfanne geben.

5 Die Pfanne auf dem Rost auf mittlerer Einschubleiste in den vorgeheizten Backofen schieben. Die Filets etwa 12 Minuten garen.

6 In der Zwischenzeit die Gnocchi nach Packungsanleitung zubereiten. Dann das Pesto unter die Gnocchi rühren, mit Hähnchenbrustfilets und restlichen Rosmarinzweigen garniert servieren.

Geflügel-Gemüse-Pfanne (Titelrezept)

Zubereitungszeit: etwa 20 Minuten, ohne Durchziehzeit **Pro Portion:** E: 37 g, F: 14 g, Kh: 21 g, kJ: 1523, kcal: 364, BE: 1,0

250 g Hähnchenbrustfilet

2 EL dunkle Sojasauce

50 g Mini-Maiskolben (frisch oder aus der Dose)

75 g Champignons

100 g Zuckerschoten

1 rote Paprikaschote

1 Hähnchenbrustfilet unter fließendem kalten Wasser abspülen, trocken tupfen und in Streifen schneiden. Die Hähnchenstreifen in einer Schüssel mit Sojasauce vermischen, zugedeckt im Kühlschrank etwa 30 Minuten durchziehen lassen.

2 Mais evtl. abspülen, abtropfen lassen und halbieren. Champignons putzen, evtl. mit Küchenpapier abreiben und halbieren. Zuckerschoten abspülen und abtropfen lassen.

(Fortsetzung S. 74)

1 Knoblauchzehe
2 Frühlingszwiebeln
2–3 EL Speiseöl, z. B. Sesamöl
1 Msp. Chiliflocken
100 ml Gemüsebrühe
2 EL dunkle Sojasauce
1 TL Speisestärke
Salz
frisch gemahlener Pfeffer
1 Prise Zucker

3 Paprika halbieren, entstielen, entkernen, die weißen Scheidewände entfernen. Schote abspülen, abtropfen lassen und in Streifen schneiden. Knoblauch abziehen, fein würfeln. Frühlingszwiebeln putzen, abspülen, abtropfen lassen und in Stücke schneiden.

4 Die Fleischstreifen aus der Marinade nehmen und etwas abtropfen lassen. Ein Esslöffel von dem Speiseöl in einer Pfanne erhitzen. Die Fleischstreifen darin in 3–4 Minuten knusprig braten. Die Fleischstreifen aus der Pfanne nehmen und warm stellen.

5 Restliches Öl zum Bratensatz in die Pfanne geben. Knoblauch darin andünsten. Vorbereitetes Gemüse in die Pfanne geben und unter Rühren etwa 3 Minuten braten. Chili unterrühren.

6 Brühe und Sojasauce unterrühren, kurz aufkochen. Stärke mit etwas Wasser verrühren und unterrühren, kurz aufkochen. Hähnchenstreifen wieder hinzufügen und kurz miterwärmen. Die Gemüsepfanne mit Salz, Pfeffer und Zucker abschmecken.

Raffiniert

Schweinemedaillons in Curry-Kokos-Sauce

Zubereitungszeit: 30 Minuten **Pro Portion:** E: 50 g, F: 25 g, Kh: 59 g, kJ: 2802, kcal: 668, BE: 5,0

125 g Wildreismischung
400 g Schweinefilet
Salz
frisch gemahlener Pfeffer
2 EL Speiseöl, z. B. Rapsöl
1 kleine Zwiebel
1 Apfel
8 Zitronenmelisseblättchen
1–2 TL Currypulver indisch
125 ml (⅛ l) Kokosmilch
100 ml Gemüsebrühe
Zucker
evtl. Speisestärke

1 Die Wildreismischung nach Packungsanleitung zubereiten und warm stellen.

2 In der Zwischenzeit Schweinefilet trocken tupfen. Das Filet in 4 gleich große Stücke schneiden, mit Salz und Pfeffer würzen. Speiseöl in einer Pfanne erhitzen. Die Medaillons rundherum etwa 6 Minuten braten. Medaillons herausnehmen, auf einer vorgewärmten Platte anrichten und warm stellen.

3 Zwiebel abziehen, fein würfeln und in dem verbliebenem Bratfett in der Pfanne andünsten. Apfel schälen, vierteln, entkernen und mit andünsten.

4 Zitronenmelisse abspülen und trocken tupfen. Die Hälfte der Blättchen zum Garnieren beiseitestellen. Restliche Blättchen fein schneiden und mit dem Curry unterrühren.

5 Kokosmilch und Brühe hinzugießen und kurz aufkochen. Sauce mit Salz, Pfeffer und etwas Zucker abschmecken, nach Belieben mit angerührter Speisestärke binden. Die Medaillons mit der Curry-Kokos-Sauce anrichten.

Raffiniert

Rinderhüftsteak in Zitronen-Kapern-Sauce

Zubereitungszeit: 40 Minuten **Pro Portion:** E: 43 g, F: 22 g, Kh: 14 g, kJ: 1825, kcal: 437, BE: 0,5

Für das Gemüse:

1 Möhre
1 Petersilienwurzel
150 g Knollensellerie
1 Stange Porree (Lauch)
½ Bio-Zitrone (unbehandelt, ungewachst)
1 EL Kapern (aus dem Glas)

2 Rinderhüftsteaks (je etwa 180 g)
Salz
frisch gemahlener Pfeffer
etwas Weizenmehl
3–4 Stängel Thymian
1 EL Olivenöl
15 g Butter
60 ml Fleisch- oder Gemüsebrühe
Salz
1 Prise Zucker
100 ml Fleisch- oder Gemüsebrühe
15 g kalte Butter

1 Für das Gemüse Möhre, Petersilienwurzel und Sellerie putzen, schälen, abspülen, abtropfen lassen und in feine Streifen schneiden. Porree putzen, die Stange längs halbieren, gründlich waschen, abtropfen lassen und ebenfalls in Streifen schneiden.

2 Zitrone heiß abspülen, abtrocknen und die Hälfte der Schale abreiben. Kapern abtropfen lassen und klein schneiden.

3 Rinderhüftsteaks trocken tupfen, mit Salz und Pfeffer würzen und leicht mit Mehl bestäuben. Thymian abspülen und trocken tupfen.

4 Öl in einer großen Pfanne erhitzen. Die Steaks darin von beiden Seiten bei starker Hitze anbraten. Die Hitze reduzieren, Thymian in die Pfanne geben. Die Steaks bei mittlerer Hitze in 5–6 Minuten langsam fertig braten. Die Hüftsteaks sollten innen noch rosa sein.

5 In der Zwischenzeit die Butter für das Gemüse in einem Topf zerlassen. Die Gemüsestreifen darin andünsten.

6 Zitronenschale und Kapernstücke zum Gemüse geben und unterrühren. Brühe hinzugießen und aufkochen. Das Gemüse zugedeckt bei schwacher Hitze etwa 6 Minuten dünsten. Gemüse mit Salz und Zucker abschmecken.

7 Die Steaks aus der Pfanne nehmen und warm halten. Brühe in die Pfanne geben und den Bratensatz aufkochen. Die Pfanne von der Kochstelle nehmen. Die kalte Butter in kleinen Stücken in den Fond rühren.

8 Das Fleisch mit dem Gemüse und der Sauce anrichten.

Tipp: Einen Esslöffel Schmand auf einen vorgewärmten Teller geben. Das Suppengemüse darauf anrichten. Der Schmand gibt dem Gemüse einen frisch-säuerlichen Geschmack.

Beilage: Zu den Rinderhüftsteaks passen sehr gut kleine neue Kartoffeln.

Etwas teurer

Lammfilet mit Pilz-Gemüse-Mischung

Zubereitungszeit: 40 Minuten **Pro Portion:** E: 33 g, F: 22 g, Kh: 15 g, kJ: 1600, kcal: 382, BE: 1,0

1 kleines Stück Ingwer
1 Knoblauchzehe
1 kleine Stange Porree (Lauch)
100 g dünne Möhren
100 g Champignons
50 g Austernpilze
100 g Shiitake-Pilze
100 g Zuckerschoten
250 g Lammfilet
2 EL Speiseöl, z. B. Sojaöl
Salz
frisch gemahlener Pfeffer
etwa 1 EL Sojasauce
1–2 EL Speiseöl, z. B. dunkles Sesamöl
1–2 EL Limettensaft
½ TL Sambal Oelek

1 Ingwer schälen und auf der Küchenreibe fein reiben oder fein würfeln. Knoblauch abziehen und fein hacken. Porree putzen, gründlich waschen, abtropfen lassen und in feine Ringe schneiden.

2 Möhren putzen, schälen, abspülen und abtropfen lassen. Möhren längs halbieren und in dünne Scheiben schneiden.

3 Pilze putzen, evtl. mit Küchenpapier abreiben. Die trockenen Stiele der Shiitake-Pilze entfernen. Die Pilze in Streifen oder Scheiben schneiden.

4 Von den Zuckerschoten die Enden abschneiden, evtl. abfädeln. Die Zuckerschoten abspülen, abtropfen lassen und evtl. halbieren.

5 Lammfilet trocken tupfen und in feine Scheiben schneiden. Das Öl in einem Wok oder einer Pfanne erhitzen. Die Fleischscheiben darin unter Rühren kurz und kräftig anbraten, mit etwas Salz und Pfeffer würzen und herausnehmen.

6 Ingwer mit Knoblauch und Pilzen in den Wok oder die Pfanne geben, kurz anbraten, dann Porree, Möhren und Zuckerschoten hinzufügen und bei starker Hitze unter Rühren 3–5 Minuten braten, anschließend mit Sojasauce würzen.

7 Die Pilz-Gemüse-Mischung mit Speiseöl, Limettensaft und Sambal Oelek würzig abschmecken. Die Fleischscheiben wieder dazugeben und kurz erhitzen.

Beilage: Servieren Sie Basmati-Reis dazu.

Schnell gemacht

Hähnchenbrustfilet

mit glasierten Möhren und Couscous

Zubereitungszeit: 30 Minuten **Pro Portion:** E: 42 g, F: 21 g, Kh: 50 g, kJ: 2379, kcal: 569, BE: 3,5

2 Hähnchenbrustfilets (je etwa 150 g)

Salz

frisch gemahlener Pfeffer

2 EL Olivenöl

1 Bund junge Möhren (etwa 500 g)

1 EL Butter

Zucker

150–200 ml Wasser

100 g Instant-Couscous

1 Bio-Limette (unbehandelt, ungewachst)

1 EL Butter

4 Stängel Pfefferminze

1 Die Hähnchenbrustfilets unter fließendem kalten Wasser abspülen, trocken tupfen, mit Salz und Pfeffer würzen.

2 Olivenöl in einer Pfanne erhitzen. Die Hähnchenbrustfilets darin anbraten und dann von jeder Seite etwa 5 Minuten braten.

3 In der Zwischenzeit Möhren putzen, das Grün bis auf 2 cm abschneiden. Möhren schälen, abspülen und abtropfen lassen. Butter in einer großen Pfanne zerlassen. Zucker hinzufügen und unter Rühren auflösen.

4 Die Möhren in die Pfanne geben, kurz durchschwenken, sodass die Möhren mit der Butter-Zucker-Mischung überzogen sind. Die Möhren mit Salz würzen. Wasser hinzugießen und die Möhren zugedeckt etwa 5 Minuten garen.

5 Couscous nach Packungsanleitung zubereiten. Limette heiß abspülen, abtrocknen und halbieren. Etwas Limettenschale abreiben. Eine Limettenhälfte auspressen, die andere in Scheiben schneiden und zum Garnieren beiseitestellen.

6 Die Butter unter den Couscous rühren. Couscous mit Salz, Limettensaft und -schale abschmecken.

7 Pfefferminze abspülen, abtropfen lassen und die Blättchen von 2 Stängeln zupfen. Die Blättchen fein schneiden und unter das Couscous geben.

8 Hähnchenbrustfilets mit glasierten Möhren und Couscous anrichten, mit den restlichen Pfefferminzestängeln und Limettenscheiben garniert servieren.

Beliebt

Gefüllte Paprikaschnitzel

Zubereitungszeit: 35 Minuten **Garzeit:** etwa 15–20 Minuten **Pro Portion:** E: 44 g, F: 42 g, Kh: 39 g, kJ: 3014, kcal: 721, BE: 3,0

500 g mehligkochende Kartoffeln

Salz

1 kleine rote Paprikaschote

4 dünne Schweineschnitzel (je etwa 80 g)

frisch gemahlener Pfeffer

1 kleine Zwiebel

2 EL Olivenöl

1 EL Butter

200 ml Bratenfond, aus dem Glas

2 EL Crème fraîche

3 Stängel Salbei

etwa 125 ml (⅛ l) heiße Milch

25 g Butter

frisch geriebene Muskatnuss

1–2 EL gehackte Petersilie

Außerdem:

2 Holzstäbchen

1 Kartoffeln schälen, abspülen, abtropfen lassen und in Stücke schneiden. Kartoffelstücke in einen Topf geben und so viel Wasser hinzugießen, dass die Kartoffeln knapp bedeckt sind. Die Kartoffelstücke zugedeckt zum Kochen bringen. Salz hinzufügen und die Kartoffeln in 15–20 Minuten gar kochen.

2 In der Zwischenzeit Paprikaschote halbieren, entstielen, entkernen und die weißen Scheidewände entfernen. Schote abspülen, abtropfen lassen und in feine Streifen schneiden.

3 Die Schnitzel trocken tupfen, mit Salz und Pfeffer würzen und je zur Hälfte mit den Paprikastreifen belegen. Die andere Schnitzelhälfte jeweils daraufklappen und die gefüllten Schnitzel mit Holzstäbchen feststecken.

4 Die Zwiebel abziehen und fein würfeln. Olivenöl in einer Pfanne erhitzen. Die Schnitzel darin etwa 3 Minuten je Seite braten, dann aus der Pfanne nehmen und zugedeckt warm stellen.

5 Butter in der Pfanne zerlassen und die Zwiebelwürfel darin andünsten. Bratenfond unterrühren. Den Fond um etwa die Hälfte einkochen lassen. Crème fraîche unterrühren. Die Sauce mit Salz und Pfeffer abschmecken.

6 Salbei abspülen, trocken tupfen und die Blättchen von den Stängeln zupfen. Einige Blättchen zum Garnieren beiseitelegen. Die restlichen Blättchen fein schneiden und in die Sauce einrühren.

7 Kartoffeln abgießen und sofort mit einem Stampfer oder in einer Kartoffelpresse zerdrücken. Die heiße Milch nach und nach unter die Kartoffelmasse rühren (je nach Beschaffenheit der Kartoffeln kann die Milchmenge etwas variieren).

8 Püree bei schwacher Hitze mit einem Schneebesen oder Kochlöffel rühren, bis eine lockere, einheitliche Masse entstanden ist. Butter unterrühren. Das Püree mit wenig Salz und Muskat abschmecken, Petersilie unterrühren.

9 Die Paprikaschnitzel mit Sauce, Kartoffelpüree und den beiseite gelegten Salbeiblättchen garniert servieren.

Einfach – schnell

Kalbsleber in Balsamico-Oregano-Sauce

Zubereitungszeit: 25 Minuten **Pro Portion:** E: 31 g, F: 18 g, Kh: 16 g, kJ: 1481, kcal: 353, BE: 1,0

300 g Kalbsleber, in Scheiben

2 Frühlingszwiebeln

einige Stängel Oregano

1–2 EL Olivenöl

Salz

frisch gemahlener Pfeffer

10 g Butter

1 EL dunkler Balsamico-Essig

100 ml Fleischfond oder -brühe

2 EL Crema di Balsamico oder 1 EL Balsamico-Essig

1 Leberscheiben trocken tupfen und in kleine Stücke schneiden.

2 Frühlingszwiebeln putzen, abspülen, abtropfen lassen und in Ringe schneiden. Oregano abspülen und trocken tupfen. Die Blättchen von den Stängeln zupfen. Einige Blättchen zum Garnieren beiseitelegen. Restliche Blättchen grob zerkleinern.

3 Den Backofen vorheizen.
Ober-/Unterhitze: etwa 80 °C
Heißluft: etwa 60 °C

4 Olivenöl in einer Pfanne erhitzen. Leberstücke darin von allen Seiten anbraten, herausnehmen und mit Salz und Pfeffer bestreuen.

5 Die Leberstücke auf einen vorgewärmten Teller legen, auf dem Rost in den vorgeheizten Backofen schieben und warm halten.

6 Butter in dem verbliebenen Bratfett zerlassen. Zwiebelringe und Oregano darin andünsten. Balsamico-Essig und Fond oder Brühe hinzugießen. Die Sauce zum Kochen bringen und um etwa die Hälfte einkochen lassen.

7 Die Sauce mit Salz, Pfeffer und Crema di Balsamico oder Essig abschmecken. Warm gestellte Leberstücke nochmals in der Sauce erwärmen (nicht kochen lassen, da die Leber sonst hart wird). Die Kalbsleber mit den beiseite gelegten Oreganoblättchen bestreut servieren.

Beilage: Wir empfehlen, dazu frische oder TK-Rösti oder Kartoffelpüree zu servieren.

Tipp: Wem die Sauce zu dünn erscheint, kann sie mit etwas angerührter Speisestärke andicken.

Einfach gut

Quarkcremeauflauf mit Sauerkirschen

Zubereitungszeit: 35 Minuten **Garzeit:** etwa 30 Minuten **Pro Portion:** E: 25 g, F: 9 g, Kh: 104 g, kJ: 2617, kcal: 624, BE: 8,5

1 Glas Sauerkirschen (Abtropfgewicht 350 g)

1 Pck. Dr. Oetker Pudding-Pulver Vanille-Geschmack

60 g Zucker

150 ml Milch

1 Eigelb (Größe M)

250 g Magerquark

1 Eiweiß (Größe M)

Für die Sauce:

250 ml (¼ l) Kirschsaft aus dem Glas

1–2 TL Zucker

1 Die Sauerkirschen zum Abtropfen in Sieb geben, dabei den Saft auffangen.

2 Den Backofen vorheizen.
Ober-/Unterhitze: etwa 200 °C
Heißluft: etwa 180 °C

3 Vom Puddingpulver 10 g (1 Esslöffel) für die Sauce abnehmen und beiseitestellen. Das restliche Pudding-Pulver mit 40 g des Zuckers, 4 Esslöffeln von der Milch und Eigelb anrühren, die restliche Milch zum Kochen bringen. Das angerührte Pudding-Pulver in die von der Kochstelle genommene Milch rühren und unter ständigem Rühren einmal aufkochen lassen.

4 Quark unterrühren. Eiweiß steif schlagen, dabei nach und nach den restlichen Zucker unterschlagen. Den Eischnee unter die Puddingmasse heben.

5 Die Kirschen in eine Auflaufform (gefettet) geben. Die Puddingmasse darauf verteilen und glatt streichen. Die Auflaufform mit Alufolie zudecken. Die Form auf dem Rost in den vorgeheizten Backofen schieben. Den Auflauf etwa 30 Minuten garen.

6 Für die Sauce den aufgefangenen Kirschsaft evtl. mit Wasser auf 250 ml (¼ l) auffüllen. Beiseite gestelltes Pudding-Pulver mit Zucker und 2 Esslöffeln von dem Kirschsaft anrühren. Den restlichen Kirschsaft in einem Topf zum Kochen bringen und mit dem angerührten Pudding-Pulver binden. Die Kirschsauce heiß zum Quarkcremeauflauf reichen.

Mit Alkohol

Mangocreme

Zubereitungszeit: 25 Minuten, ohne Kühlzeit **Pro Portion: E: 4 g, F: 20 g, Kh: 34 g, kJ: 1595, kcal: 381, BE: 3,0**

3 Blatt weiße Gelatine
2–3 EL kaltes Wasser
1 Mango
125 ml (⅛ l) Sekt
1 TL Zitronensaft
35 g Zucker
125 g Schlagsahne

1 Die Gelatine nach Packungsanleitung in kaltem Wasser einweichen. Inzwischen das Fruchtfleisch der Mango vom Stein schneiden und schälen. 200 g Fruchtfleisch abwiegen und grob würfeln.

2 Das gewürfelte Fruchtfleisch mit Sekt, Zitronensaft und Zucker pürieren. Das restliche Fruchtfleisch in Frischhaltefolie verpackt in den Kühlschrank stellen.

3 Gelatine leicht ausdrücken und in einem kleinen Topf bei schwacher Hitze unter Rühren erwärmen, bis sie gelöst ist. Zunächst 3 Esslöffel von der Mangomasse unterrühren, dann unter die übrige Mangomasse schlagen. Die Masse in den Kühlschrank stellen.

4 Wenn die Masse anfängt dicklich zu werden, die Sahne steif schlagen und unterheben. Die Creme in eine Glasschale oder in 2 Gläser füllen und bis zum Servieren in den Kühlschrank stellen.

Tipps: Gläser-Schokoladen-Verzierung: Schmelzen Sie dafür 25 g Zartbitter-Schokolade. Füllen Sie die Schokolade in einen kleinen Gefrierbeutel und schneiden Sie eine kleine Spitze ab. Verzieren Sie die Dessertgläser innen dekorativ mit der Schokolade. Stellen sie die Gläser so lang in den Kühlschrank, bis die Schokolade fest geworden ist. Jetzt können Sie die Mangocreme einfüllen. Spritzen Sie die restliche geschmolzene Schokolade als Ornamente auf Backpapier. Bewahren Sie diese bis zum Servieren im Kühlschrank auf.
Lösen Sie nach Belieben 2–4 Physalis aus der Hülle, aber lassen Sie die Hüllblätter daran. Tauchen Sie die Physalis zur Hälfte in geschmolzene Schokolade. Lassen Sie die Schokolade fest werden. Garnieren Sie die Creme vor dem Servieren damit.

Zusatztipp: Die restliche Mango schälen und in einem Obstsalat verarbeiten oder am anderen Morgen zum Frühstück servieren.

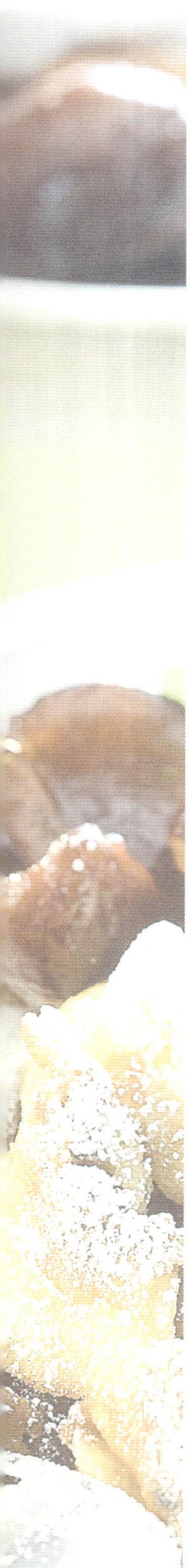

Süße Hauptmahlzeit

Kaiserschmarren

Zubereitungszeit: 30 Minuten **Pro Portion:** E: 22 g, F: 52 g, Kh: 70 g, kJ: 3574, kcal: 854, BE: 6,0

4 Eier (Größe M)

100 g Weizenmehl

1 Prise Salz

1 Pck. Dr. Oetker Vanillin-Zucker

200 g Schlagsahne oder 200 ml Milch

50 g Rosinen

etwa 50 g Butterschmalz oder 4 EL Speiseöl, z. B. Sonnenblumenöl

Puderzucker

1 Eier trennen. Eiweiß steif schlagen. Eigelb mit Mehl, Salz, Vanillin-Zucker und Sahne oder Milch in eine Rührschüssel geben. Alles mit Handrührgerät mit Rührbesen zu einem glatten Teig verrühren. Eischnee und Rosinen unterheben.

2 Etwas Butterschmalz oder Öl in einer Pfanne (Ø etwa 28 cm) erhitzen. Die Hälfte des Teiges hineingeben und bei mittlerer Hitze auf der Unterseite hellgelb backen.

3 Den an der Oberfläche noch etwas „flüssigen" Teig mit 2 Pfannenwendern erst vierteln, dann wenden und goldgelb backen, evtl. noch etwas Fett in die Pfanne geben.

4 Dann den Schmarren mit 2 Pfannenwendern in kleine Stücke reißen, auf einem Teller anrichten und warm stellen. Den restlichen Teig auf die gleiche Weise zubereiten. Den Kaiserschmarren mit Puderzucker bestreut servieren.

Rezeptvariante: Für **Kaiserschmarren mit Nuss-Nougat** würfeln Sie statt der Rosinen 100 g Nuss-Nougat und heben die Nuss-Nougat-Würfel zusammen mit 50 g gehackten Mandeln unter den Teig. Den Kaiserschmarren wie im Rezept beschrieben zubereiten.

Tipps: Den Kaiserschmarren als süßes Hauptgericht für 2 oder als Dessert für 4 Personen servieren. Reichen Sie Pflaumen- oder Aprikosenkompott dazu. Sie können die Rosinen vor der Verwendung in 1–2 Esslöffeln erwärmten, braunen Rum geben und etwa 30 Minuten durchziehen lassen. Die Rosinen (mit dem Rum) wie im Rezept angegeben unter den Teig geben. Wenn Sie den Schmarren im vorgeheizten Backofen bei Ober-/Unterhitze: etwa 200 °C für etwa 8 Minuten backen, dann geht er schön auf.

Schnell gemacht

Beeren-Quark-Creme

Zubereitungszeit: 20 Minuten **Pro Portion:** E: 18 g, F: 1 g, Kh: 22 g, kJ: 773, kcal: 185, BE: 2,0

250 g Magerquark

3 EL Milch

25 g Zucker

1 EL Zitronensaft

100 g Erdbeeren

100 g gemischte Beeren (Himbeeren, Brombeeren, Heidelbeeren)

Zitronenmelisseblättchen

1 Den Quark mit der Milch cremig rühren. Zucker und Zitronensaft unterrühren.

2 Die Erdbeeren abspülen und abtropfen lassen. Den Blütenansatz entfernen, die Erdbeeren vierteln. Gemischte Beeren verlesen, kurz abspülen und auf Küchenpapier abtropfen lassen.

3 Drei Viertel der Erdbeeren mit der Hälfte der gemischten Beeren unter die Quarkcreme heben.

4 Die Creme in Dessertschalen geben, mit den restlichen Früchten und Zitronenmelisse garnieren.

Tipps: Noch fruchtiger wird das Dessert, wenn Sie den Quark mit pürierten Beeren verrühren. Dafür 200 g geputzte Beeren pürieren, durch ein Sieb streichen und mit Zucker verrühren. Zitronensaft evtl. weglassen. Den Quark evtl. zusätzlich mit einigen geputzten und geviertelten Erdbeeren garnieren. Oder den Quark mit Milch cremig rühren, dann 1 Päckchen Dr. Oetker Vanillin-Zucker unterrühren. Den Quark mit etwas Zucker abschmecken. Die geputzten Beeren pürieren und den Vanillequark mit der Beerensauce servieren.

Kapitelregister

Alphabetisches Register

Für Fragen, Vorschläge oder Anregungen steht Ihnen der
Verbraucherservice der Dr. Oetker Versuchsküche,
Telefon: 0 08 00 71 72 73 74 Mo.–Fr. 8:00–18:00 Uhr, Sa. 9:00–15:00 Uhr
(Gebührenfrei in Deutschland) oder die Mitarbeiter des Dr. Oetker Verlages
Telefon: +49 (0) 5 21 52 06 45 Mo.–Fr. 9:00–15:00 Uhr zur Verfügung.
Schreiben Sie uns:
Dr. Oetker Verlag KG, Am Bach 11, 33602 Bielefeld oder
besuchen Sie uns im Internet unter www.oetker-verlag.de oder www.oetker.de.

Umwelthinweis Dieses Buch und der Einband wurden auf chlorfrei gebleichtem Papier gedruckt. Die Einschrumpffolie – zum Schutz vor Verschmutzung – ist aus umweltfreundlichem und recyclingfähigem PE-Material.

Redaktion Andrea Gloß

Titelfoto Thomas Diercks (Fotostudio Diercks), Hamburg
Innenfotos Kai Boxhammer (Fotostudio Diercks), Hamburg (S. 4–11, 15, 19, 21, 27, 29, 33–37, 41, 45, 49–57, 63–69, 81, 83)
Thomas Diercks (Fotostudio Diercks), Hamburg (S. 91)
Ulli Hartman, Halle/Westf. (S. 13, 71, 73, 87, 89, 93)
Bela Hoche, Hamburg (S. 43)
Christiane Krüger (Fotostudio Diercks), Hamburg (S. 31, 47, 77, 85)
Antje Plewinski, Berlin (S. 61)
Hans-Joachim Schmidt, Hamburg (S. 17, 23, 25, 39, 59, 79)

Foodstyling Rocco Dressel, Hamburg

Rezeptentwicklung und -beratung Rocco Dressel, Hamburg

Nährwertberechnungen Nutri Service, Hennef

Grafisches Konzept und Gestaltung kontur:design, Bielefeld
Titelgestaltung kontur:design, Bielefeld

Satz Typografika, Bielefeld
Reproduktionen Mohn media Mohndruck GmbH, Gütersloh
Druck und Bindung Mohn media Mohndruck GmbH, Gütersloh

ISBN 978-3-7670-0661-4